우리 터, 우리 혼
남한산성

우리 터, 우리 혼
남한산성

2010년 6월 5일 초판 1쇄 인쇄
2010년 6월 10일 초판 1쇄 발행

지은이 최진연
펴낸이 김영애
펴낸곳 다할미디어

우리 터, 우리 혼

남한산성

2010년 6월 5일 초판 1쇄 인쇄
2010년 6월 10일 초판 1쇄 발행

지은이 최진연
펴낸이 김영애
펴낸곳 다할미디어

등록일 1999년 11월 1일
등록 제20-0169호
주소 우137-903 서울특별시 서초구 잠원동 22-10 성원빌딩 2층
www.dahal.co.kr
전화 02. 3446. 5381~3
팩스 02. 3446. 5380
이메일 dahal@dahal.co.kr

ⓒ 최진연, 2010

ISBN : 978-89-89988-70-0 03040

값 20,000 원

* 이 책은 경기문화재단 남한산성문화관광사업단의 지원을 받아 출판되었습니다.

사진가 최진연의 남한산성 답사기

우리 터, 우리 혼
남한산성

최진연 글·사진

다홀미디어

이 책을 집필하는 데 아래 책들의 도움을 받았음을 밝힙니다.

- 『땅이름 역사산책 남한산성과 병자호란(토지박물관 연구총서 제6집)』, 한국토지공사 토지박물관, 2000년 5월 31일

- 『남한산성』, 김훈, 학고재, 2007년 7월

- 『숲과 역사가 살아 있는 남한산성』, 경기농림진흥재단, 2008년 11월

역사의 혼이 담긴 우리 터,
남한산성

성벽을 따라 걸었다. 숲길을 지나 계곡도 타고 넘었다. 성벽이 급하게 돌아가는 후미진 곳에는 암문도 나 있다. 곡선의 성벽을 벗어나 옹성으로 파고들자 갑자기 나타난 무법자에 놀란 들꿩 한 마리가 잽싸게 성첩 위로 날아가 앉았다. 재빨리 망원렌즈로 바꿔 힘겹게 두어 장 찍었다. 긴요하게 쓰일 것을 생각하니 마음이 흐뭇하다. 성벽에는 야생화가 수줍게 꽃망울을 터뜨렸다. 남한산성에 봄의 향연이 시작됐다. 우리주변에 이렇게 아름다운 산성이 있었던가.

남한산성과 첫 만남은 그렇게 시작됐다. 자동차가 흔하지 않은 시절 거여동에서 한 시간 산행을 해야만 산성에 도착할 수 있었다. 산등성이를 휘감은 성벽 구석구석을 찾아 빨치산 전사처럼 떠돈 지 30년이 흘렀다. 퇴락한 성터에 올 때마다 조상들의 피와 땀과 눈물로 점철된 호국의지가 번뜩인다.

짧게는 2백년에서 길게는 수천 년의 장구한 세월을 간직한 산성 앞에 서면 나란 사람은 거대한 사막에 모래알처럼 미미한 존재임을 느낀다. 산등성이에 부서지고 무너진 채 덩그렇게 남은 성벽에서 선인들의 무언의 소리가 들리는 듯 가슴이 아린다.

성곽을 전문으로 연구하는 학자는 아니지만, 내가 할 수 있는 것은 그 유적을 사진으로 남기는 것이다. 그동안 수없이 렌즈에 담은 산성은 내 삶, 내 재산의 전부가 됐다. 이제 그 유적을 보존하고자 드넓은 세상으로 내 보낸다.

성곽 사진작업은 일반 사진가로서는 쉽게 접근하기 어려운 분야다. 사진의 기량(器量)은 물론 조상들의 호국정신에 대한 이해와 역사적인 안목이 갖추어져야 한다. 다시 말해 성곽촬영을 위해서는 성곽 그 자체를 잘 알아야 한다. 즉 성곽의 축조법과 시기, 역사적 사실과 거기에서 들려오는 조상들의 숨소리까지 들을 수 있을 만큼 충분한 문헌조사도 해야 한다.

특히 이 작업은 많은 기자재를 동원해 평생에 걸쳐 찍어야 할 대형 프로젝트이다. 한결같은 꿋꿋한 의지가 필요하다. 그리고 무엇보다도 가장 중요한 것은 체력이다. 대체로 산성은 산중턱이나 정상에 축조돼 있기 때문에 실제로 조사하기란 실로 고행의 연속이 아닐 수 없다.

1980년 성곽사진 작업을 처음 시작할 때만 해도 전국의 알려진 성터는 1,300여 개소에 불과했다. 30년이 지난 현재 성곽을 연구하는 기관과 학회가 늘어나면서 이제 2,400여 개소의 성곽이 새로 발굴되는 성과를 얻었다.

남한산성이 2010년 1월, 유네스코 세계유산 잠정목록에 등재신청이 되면서 내 마음도 바빠지기 시작했다. 지난봄과 가을에는 남한산성 사진을 찍기 위해 국내 최초로 헬기에 탑승했다. 이곳은 국가 중요시설 지역으로 항공촬영이 전면 금지된 곳이다. 하지만 남한산성 구석구석을 꿰뚫고 있는 나에게 경기도와 국방부가 두 번이나 협조를 해준 것이다. 이 자리를 빌어 감사를 표한다.

성곽을 찍으러 갈 때마다 돈벌이는 안하고 미친 짓 한다면서 비웃음만 받던 처지였는데 헬기에 오르던 순간만큼은 천군만마를 얻은 것 같았다. 3,000피트 상공에서 내려다 본 남한산성은 거대한 용이 산등성이에서 출렁거리는 듯했다.

주봉인 청량산(483m)을 중심에 두고 성벽이 좌우로 흘러내렸다. 북쪽으로 연주봉 옹성, 동쪽엔 봉암성과 한봉성이 본성을 호위하고, 남쪽에는 신남성이 굽어보고 있다. 병풍처럼 이어진 산줄기에 장장 12킬로미터나 되는 성벽이 본성과 외성을 타고 넘는다.

산성 서쪽 아래는 한성백제의 왕궁인 풍납토성과 몽촌토성, 강남의 대모산성이 손에 잡힐 듯하다. 연주봉 아래로 이성산성이, 한강 너머 고구려의 요충지 아차산성과 보루들이 줄지어 섰다. 북문 아래 객산 줄기에는 교산토성과 역사의 비밀창고가 즐비한 춘궁동까지 한눈에 조망된다.

수어장대 상공에서 시야를 펼치자 한강이 동에서 서로 길게 늘어섰다. 서울의 북쪽 하늘을 떠받치고 있는 북한산성 등 남한산성을 거점으로 크고 작은 20여 개의 산성들이 거미줄처럼 연계돼 있다. 가히 1,300년 전 한반도를 통치했던 통일신라의 최고사령부로서 손색없는 천험의 요새지다.

우리나라 호국유적의 백미로 꼽는 남한산성은 산성건축으로도 최고봉이다. 20개의 성문, 5개의 옹성과 16개의 암문도 그렇지만, 성벽은 어느 한 곳 끊어지질 않았다. 성안에 관아와 군 창고, 임금이 거처할 행궁 등 국가의 유사시를 대비해 모든 시설을 갖춘 국내 유일의 산성도시였다.

지금까지 남한산성에서는 무슨 일이 있었을까? 남한산성은 역사의 고비마다 중요한 역할을 다했다. 삼국시대 때 한강유역을 둘러싼 쟁탈전에서 신라는 당나라와 힘을 합쳐 백제, 고구려를 멸망시켰다. 그 후 당이 신라까지 함락시키려 들자 신라는 국운을 걸고 이곳에 최대 규모의 석축산성을 쌓아 요새를 만들었다.

고려시대 때도 몽고군과 홍건적이 침공하자 광주 인근 백성들까지 남한산성으로 피신해 몽고군을 격퇴했다. 남한산성 전투의 승리는 용인 처인성의 승리로 이어졌다.

조선의 인조는 그가 쌓아 지키려 했던 남한산성에서 곤욕을 치렀다. 병자호란이 일어나자 그는 이곳 행궁으로 피신해 열 배가 넘는 청나라 군사와 죽기를 각오하고 항전했으나 끝내 성 밖으로 나가 항복하고 말았다. 45일간 싸우면서도 산성이 함락당하지 않은 것은 철벽같은 성벽이 있었기 때문이다.

일제 강점기에 항일운동의 거점이 되기도 했던 남한산성은 조선 후기까지 1천여 가구에 4천여 명의 인구를 자랑했지만 1917년 성내에 있던 광주군청이 밖으로 이전하면서 산성의 역사는 급격히 쇠락했다.

이제 남한산성은 2018년까지 복원을 완벽하게 끝내고, 인류 전체의 문화유산으로 거듭날 채비를 하고 있다. 세계유산 등재는 그 민족의 역사와 문화가 인류공영의 가치를 지녔다는 인증으로 대단한 영예다. 특히 관광자원으로 활용되고 국가 브랜드를 높이는 효과도 누린다.

역사와 자연이 함께 숨 쉬는 고졸한 남한산성은 서울근교 탐방코스로 가장 인기 있는 곳이기도 하다. 정해진 산행 길 5곳 말고도 아름다운 길이 10곳이 넘는다. 본성에서 외성까지 자세히 보려면 8시간은 산행을 해야 한다.

산성의 백미는 거목과 어우러진 고색 짙은 성벽이다. 성벽을 제대로 감상하려면 남문 밖으로 난 길을 따라 동문 인근까지가 가장 좋다. 가파른 산행을 즐기려면 동문에서 출발해 외성까지 가면 된다. 이 길은 인적이 드물고 산새들만 조잘대는 호젓한 길이다. 늦여름 서문 인근에서 보는 한강의 낙조는 붉은 융단을 깔아 놓은 것 같이 환상적이다. 오색단풍이 현란한 가을 풍경은 망월사와 행궁 주변이 가장 고운 자태로 뽐낸다. 겨울 설경에 흠뻑 빠지고 싶다면 북문에서 수어장대로 가는 성벽길이 단연코 으뜸이다.

배낭과 카메라 하나 달랑 메고 떠나는 산성여행은 멋지다. 둘이면 좋겠지만 혼자여도 쓸쓸한 만큼이나 매력적이다. 그곳에서 먼저 살다간 옛사람들의 흔적을 발견하면 보물을 줍는 기분이다. 산성답사의 매력이 바로 여기에 있다.

2010년 6월
남한산성에서
최진연

● 하늘에서 본 남한산성 전경

3남옹성   10암문   남문   서문   수어장대   행궁   숭렬전   북문

11암문   수문   동문   동성포루   1암문

연주봉옹성

외성 가는 길(봉암성, 한봉성)

동장대(망월봉)

신지옹성

장경사

한봉성 정상

차
례

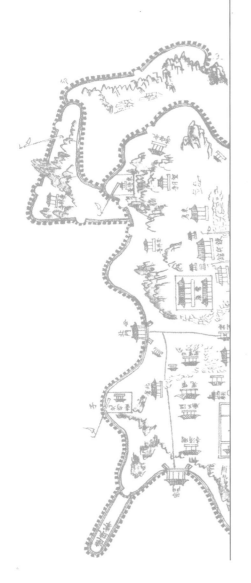

1부
동문에서 동장대로
에둘러 걷는 길

2부
벌봉에서 북문으로
길을 잡다

3부

북문에서 서문,
그리고 수어장대로

4부

수어장대에서
외성 지나 남문으로

5부

남문에서 성 중심부,
그리고 행궁으로

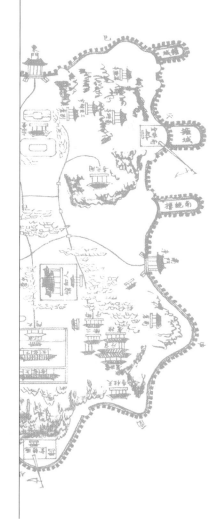

여주봉오서에서 보는 일출 여주봉오서은 남한사성 최고의 조망 명소이다

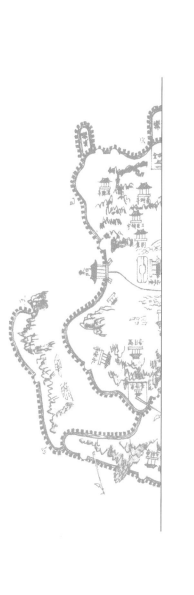

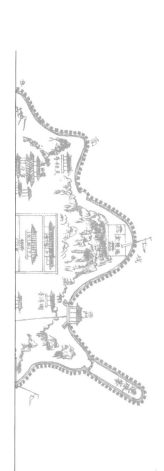

1부

동문에서 동장대로 에둘러 걷는 길

하늘에서 본 동문 전경

아담하고 옹골찬 동문

다른 이름은 좌익문, 기하학적 위용 갖춰

청량산은 산줄기가 겹겹이 둘러친 모양새다. 그 가운데 남한산성 본성이 있고 밖에는 외성이 감싸고 있다. 산성의 사면은 험준하고 성벽 밖은 가파르고 첩첩하다. 요소요소 가장 높은 지형에는 장수들의 지휘통솔을 위해 장대를 세웠다. 장대 아래로 성벽이 곡선을 이루면서 내려오는 곳에는 암문(暗門)을 냈다. 후미진 곳에 있는 작은 문들은 적에게 노출되지 않는 지점에서 연결통로 역할을 했다.

　동문은 물길이 모여 흐르는 계곡에 있다. 원래 이름은 좌익문(左翼門)이다. 행궁에서 볼 때 국왕이 남쪽을 보고 나라를 통치하고, 동쪽이 왼쪽이 되기에 그렇게 불렀다. 마찬가지로 서문은 우익문(右翼門), 남문은 지화문(至和門), 북문은 전승문(全勝門)이라는 이름을 가

동문 홍예석

지고 있다. 동문은 홍예석 위에 단층으로 문루를 세웠다. 성문에는 두꺼운 판문(板門)을 달고 겉에는 물고기 비늘 모양의 철판을 붙여 보강하였다. 지금은 언제나 열려 있지만 적군이 다가올 때는 성문을 걸어 잠그고 문루로 올라가 방비했으리라.

특히 동문은 규모가 작으면서도 위용을 갖추었다. 성문 앞으로는 긴 계단

동문의 봄

동문 계단식 성벽   동문 철갑

이 이어지고, 성문 왼쪽의 급경사를 이루는 언덕에는 계단식으로 성벽을 쌓
았다. 어느 석공의 설계인지는 알 수 없지만 산성건축의 백미를 보는 것만 같
다. 동문 상공에서 내려다 본 성벽은 계곡을 지나면서 치솟아, 가파른 산등성
이를 타고 넘는다. 성안에서 흘러온 물길은 굽이굽이 돌아 광주로 내닫는다.

동문 정면

02
역사의 사나운 바람이 머물다
동문은 병자호란과 신유박해의 중심 무대

동문은 그 조형미에 있어 예술성을 한껏 뽐낸다. 하지만 산성의 여느 자리들과 마찬가지로 동문 역시 역사의 사나운 바람을 피하지 못했다.

1637년 정축년 음력 1월 18일 동장군의 기세가 절정일 무렵, 청나라 주력군은 병자호란의 막바지에 이르러 남한산성의 숨통을 옥죄었다. 송파 들판에 본진을 둔 청은 유군들을 부려 남한산성을 둘러쌌다. 서문에는 보병을 두고 개울과 골짜기에 잇댄 동문에는 기마병을 두었다.

"빨리 나와 말을 들으라. 화친을 청하던지 결전을 하던지 선택하라."

성문은 굳게 닫혀 있었고, 행궁의 조정은 절박한 선택에 직면한다. 동문은 같은 해 1월 30일에야 막을 내리는 숨 막히는 전란 속에서 최후통첩의 장소였던 셈이다.

동문을 오르는 장사꾼의 모습을 재현했다.

그런가 하면 신유박해(1801)부터 구한말까지는 천주교도의 처형장이었다. 19세기 초반 개혁정책을 추진하던 정조가 갑자기 의문사했다. 이후 개혁에 동참한 세력이 축출되는 당파 싸움 과정에서 일어난 사건이 신유박해다. 급격히 확대된 천주교 세력에 위협을 느낀 왕권은 재야의 진보적인 사상가들을 종교를 빌미로 탄압한다. 신유박해 때만 해도 교도 수백 명이 처형당해 동문 아래 계곡으로 던져졌다. 이후 박해가 거듭되면서 동문 밖 형장 대신 성 안에서 신도들을 처형했다고 한다.

전란을 거친 후 조선 후기에 이르면 성은 대대적으로 정비가 이루어지고, 순청과 감옥, 시장 등 행정, 상업, 군사 기능이 모두 갖추어져 위세가 번듯해진다. 4,000명이 넘는 사람들이 어우러진 분주한 도시가 된 것이다. 산성에는 이미 관아가 들어서기 전부터 작지만 마을을 꾸려 사람들이 살고 있었다. 장

하늘에서 본 동문 전경

이라도 들어서는 날이면 인근 광주, 성남 등지에서 모여든 사람들로 왁자지
껄했다.

03

송암정, 달밤에 우는 소리

황진이가 불법을 설파하고, 기생이 몸을 던지다

동문 성벽부터 이어진 성첩은 경사가 가파르다. 좁은 길을 따라 동성포루로 가는 길에 '송암정(松庵亭)'이라고 쓴 표지석 하나가 눈길을 끈다. 송암정에는 재미있는 일화가 전해지고 있다. 기예는 물론 문장으로도 유명한 조선시대 명기 황진이의 이야기다.

황진이는 학자로 명성을 날리던 화담 서경덕을 온갖 교태로 유혹했다. 하지만 화담은 눈썹 하나 까딱하지 않았다. 그는 종국에 화담의 학덕과 인품에 감동한다. 자신의 처신을 비관한 황진이는 금강산에 들어가 여승이 됐다고 전한다.

수도를 끝낸 황진이는 다시 속세로 나와 유랑하다 우연히 지금의 송암정 근방을 지난다. 마침 송암정에서 수 명의 남녀들이 거나한 술판을 벌이고 있었다. 그들은 여승이 된 황진이를 붙잡고 술을 따르고 같이 놀자고 희롱했다. 그는 침착하게 자신이 황진이임을 밝히고 그들에게 불법을 설파한다. 이때 그 무리 중 감명을 받은 기생 하나가 갑자기 절벽 아래로 몸을 날리고 만다.

황진이의 전설이 깃든 성벽 길

이후 달 밝은 밤이면 송암정에서 노랫소리와 통곡소리가 들렸다는 전설이 전
해지고 있다.

　동문 성첩을 따라 걷는 이 길을 정말 황진이가 걸었을까? 미모와 기예, 서

급경사의 계단식 성첩

송암정에서 본 남쪽 성벽

화와 문장에까지 재능을 고루 겸비했던 기녀 황진이가 무슨 질곡으로 험한 성벽을 따라 걸었을까? 저 먼 곳 어딘가 황진이와 같은 절세가인조차 넋을 잃게 홀리는 아름다운 사연과 유적이 남한산성에 있으리라 생각하며 길을 재촉한다.

04

벼슬 받은 소나무, 대부송

정조의 눈을 사로잡은 사내대장부의 기개

송암정 바위에 말라죽은 소나무가 한 그루 있다. 1779년 8월 정조는 남한산성을 순시하다가 동문 아래 주필암(駐蹕岩)에서 쉬었다. 이때 절벽 위에 우산을 펼친 것처럼 그늘을 드리운 소나무가 눈에 들어왔다. 정조는 이 소나무에

황진이의 전설이 깃든 정자 자리와 대부송

매료돼 '대부(大夫)'라는 벼슬을 내렸다.

대부송은 송암정 표지석 성 밖에 있어 잡목이라도 우거지면 잘 보이지가 않는다. 정조가 행차할 당시에는

송암정에서 본 행궁

계곡 멀리서도 보이는 아름드리나무였으리라. 왕이 내린 벼슬까지 받은 소나무는 언제 무슨 병을 앓았는지도 모르게 말라서 앙상한 고목이 되어 세월을 웅변하고 있는 것만 같다.

하늘에서 본 동성포루 전경

05

아비규환이 서린 동성포루

영조는 한봉을 바라보며 뼈아픈 지난날을 탄식하다

황진이 생각을 지울 때쯤 시야가 확 트인다. 성벽이 급하게 굽어지는 곳에서 동성포루를 만난다. 이곳은 화포를 설치해 쏘던 장소다. 임진왜란과 병자호란은 조선의 군 편제는 물론 무기체계에도 변화를 가져왔다. 창, 칼, 활과 같은 재래식 무기에서 본격적으로 화약을 쓰는 총포로 전환했던 것.

병자호란 당시, 청나라 군은 한봉에서 성 안의 행궁을 내려다보고 화포를 쏘아댔다. 화포의 위력에 행궁의 나인과 가졸에서 임금에 이르기까지 혼비백산했다.

포루 위에 올라서자 건너로 청병이 진을 쳤던 봉우리가 지척에 올려다 보인다. 문득 전장의 아비규환이 생생하게 그려진다. 사기가 꺾인 우리 군사들의 삶과 죽음이 절망의 덩어리가 되어 이 포루에 엉켜있는 것은

청군의 공격에 맞서 한봉으로 포를 쏘던 장소

아닐까?

1730년 2월 23일 왕의 행차를 알리는 취타 연주가 산성에 울려 퍼졌다. 여주 세종대왕 영릉을 참배하고 돌아오던 영조가 남한산성 동문에 들어섰다. 영조는 곧 수어장대로 올랐다. 왕은 주변 경관을 둘러볼 사이도 없이 신료들에게 한봉이 어디냐고 물었다. 어가를 모시던 수어사 윤순이 조심스레 한봉의 위치를 가리켰다. 병자호란 당시 산성을 굽어보며 조선을 공격했던 곳이

동성포루 외벽

바로 한봉이다. 영조가 100여 년 전에 일어난 그날의 수모를 되새겼을 만큼 깊은 관심을 가졌던 곳이다.

1암문 외벽

06

1암문 밖에는 도롱뇽 알이 몽실몽실

16개의 암문은 군사 목적이나 비밀스러운 용도로만 사용해

1암문 내부

동성포루에서 급한 성첩을 따라 내려간다. 장경사가 내려다보이는 지점에 1암문이 있다. 암문은 성벽 하단에 뚫린 작은 문으로 누각은 세우지 않았다. 암문은 성문과 달리 군사 목적이나 비밀스러운 용도로만 사용했다. 암문은 두 사람이 동시에 통과하기도 좁은 공간이다.

1암문 이곳에는 전쟁을 치렀던 수많은 군병들의 긴박했던 상황이 배어 있다. 병자호

란 당시 숨 돌릴 틈 없이 처참했을 1암문은 이제 찾는 사람이 없어 적막하기까지 하다. 어쩌다 암문 이쪽저쪽을 두리번거리는 호기심 많은 등산객들만 지나갈 뿐이다.

남한산성에는 16개의 암문이 있다. 그 중 10개소는 아치형, 6개소는 네모 반듯한 우물 정(井)자 형태다. 남한산성 암문의 번호는 축성 때부터 있던 것이 아니라, 최근에 이르러 편의상 동문에서부터 붙인 것이다.

1암문 밖으로 내려가면 큰골 방향에서 오는 길과 만나 한봉성 16암문으로 연결된다. 이 길은 산성에서 광주로 내리닫는 지름길이다.

옛 군병들의 비밀통로인 암문을 빠져나와 동포루 외벽으로 발길을 돌렸다. 병자호란 때 청병이 성안을 내려다보며 무자비하게 대포를 쏘던 한봉이 코앞에 서 있다.

도롱뇽 알

동성포루 밖 도롱뇽 서식지

포루 아래 헛간 채만 한 암봉이 보인다. 햇볕 잘 드는 웅덩이에서 도롱뇽알을 발견했다. 난생처음 보는 희귀동물에 흥분됐지만 금방 사라질지 모른다는 생각에 숨소리 죽여가며 사진 몇 장을 얼른 담았다.

07

승려들의 군사훈련장 장경사 앞마당

어영별장 이기축이 승군을 이끌고 청병을 물리치다

장경사 앞마당은 작은 학교의 운동장을 연상시킬 정도로 넓다. 산등성이에 이처럼 넓은 공간이 왜 필요했을까? 이곳은 승려들의 군사훈련 장소였다.

성벽에 기대어 지은 장경사는 본성 안 동쪽에 자리한 절이다. 인조 2년 (1624)에 남한산성을 수축할 때만 해도 산성 안에 절이라고는 옥정사와 망월 사 2개뿐이었다. 그러던 것이 단단한 산성을 만들기 위해 8도의 승군을 소집 하면서 절이 하나 둘 늘기 시작했다. 이후 성 안에 7개의 절을 새로 지었는데, 장경사도 그때 지어졌다.

절들은 수행이나 기도 도량이 아니라, 징집된 승군의 숙식을 해결하고 훈 련을 하기 위한 장소로 사용됐다. 실제로 병자호란 당시 270명의 승군이 청 병과 항전하기도 했다. 1637년 1월 19일 청병이 동쪽 성을 침범하자, 성은 함 락 위기에 처했다. 이때 어영별장 이기축이 장경사에 있었다. 그는 죽음을 각 오하고 군병들에게 사기를 북돋아 적을 몰아낸다. 인조가 친히 나와 장졸들 을 치하하고 이기축에게는 완성군의 벼슬을 내린다.

장경사 앞 성벽

　1907년 8월 1일, 일본은 조선 합병의 수순으로 조선의 군대를 강제로 해산
한다. 이때 산성의 무기고가 부서지고, 9개의 절이 파괴된다. 현재는 망월사,
장경사, 개원사, 국청사만 복원된 상태이고, 나머지는 터만 남아 수풀 속에
주춧돌만 뒹군다.

하늘에서 본 장경사 훈련장

08

승군을 위로한 장경사 영산재
국난 앞에서 위력을 발휘한 불가의 힘

통일신라의 요충지였던 남한산성은 고려를 지나면서부터 방치되다시피 했다. 조선은 임진왜란을 전후로 퇴락한 산성의 보수 계획을 세웠으나 워낙 재정이 많이 들어간다는 이유로 차일피일 미뤘다.

1624년(인조 2년) 반정에 공을 세운 무신 이괄은 지방으로 좌천된 데 불만을 품고 한양을 공격해 난을 일으킨다. 이때 임금은 공주까지 피난 내려가는 화급한 지경이 되었고 이를 계기로 남한산성 보수가 시작됐다. 조정에서는 도성을 방어하고 유사시 왕이 피난할 보장처로 남한산성을 택했다.

버려졌던 남한산성을 개축하면서 이때부터 전국의 스님들이 축성에 동원되기 시작했다. 자세한 기록은 없지만 동원된 스님은 수백 명이 넘었다고 한다. 왜 산성을 쌓는 힘든 부역에 승군들을 동원했을까? 승려 사회는 민간에 비해 기율이 엄하고 자체 명령계통이 서 있을뿐더러, 기술이나 효율도 뛰어났기 때문이다. 승군은 민간인이 사흘 동안 할 것을 하루에 다할 만큼 사력을 다했다. 이렇게 축성을 위해 승려를 동원한 의승제도(義僧制度)가 남한산성에

장경사 영산재

서 처음 시작됐다.

  역사를 되짚어보면 위급한 나라의 운명 앞에서 불가의 힘은 위력을 발휘하곤 했다. 승려들은 2년 반 동안이나 성을 쌓았다. 공사가 끝난 후에는 산성에 사찰을 지어 승군 일부가 그대로 거주하면서 성벽 구간을 정해 수성과 보수를 맡았다. 이렇게 남한산성에서 시작된 승군들의 축성 동원은 조선후기 군사제도의 한 축이 되어 전국의 산성으로 확대됐다.

  사진을 찍기 위해 들른 지난 봄, 때마침 장경사에서는 병자호란 때 남한산성을 수호했던 승군과 군병들의 넋을 달래는 영산재가 열렸다. 산성에서 전몰한 혼령들의 넋을 기리기 위해 향불을 피워 올린 것이다.

09
장경사 신지옹성의 까투리 노랫소리
종전 후 동쪽의 취약점을 보강하기 위해 신축한 옹성

장경사를 지나면서 성벽 길은 다시 가팔라진다. 어느 정도 오르면 땅 아래로 움푹 파인 문이 보인다. 2암문이다. 감춰진 듯 지형이 낮은 곳에 출입구를 냈다. 성문 밖을 나가면 분교 운동장 만한 넓은 개활지가 나타난다. 이곳이 장경사 신지옹성이다. 장경사 뒤편에 있어 절 이름을 붙인 옹성(甕城)이다. 옹성이란 성문을 보호할 목적으로 성문 밖에 겹으로 둘러쌓은 일종의 이중벽이다.

장경사 승군들이 수어를 담당했던 신지옹성의 둘레는 150미터나 된다. 내부는 넓지만 성 외벽으로 나가면 급한 경사가 계곡까지 이어진다. 하늘에서 내려다보면 그렇게 크게만 보였던 옹성도 토끼 꼬리 같이 작게만 보인다. 성을 지키던 당시의 군사들이 이 기기 묘하게 날아다니는 헬기를 보았다면 기절초풍을 했겠다고 생각하니 '풋' 하고 웃음이 인다.

신지옹성은 전쟁이 끝나자 동쪽의 취약점을 보강하기 위해 신축한 옹성이다. 네모 반듯한 2암문은 다른 암문에 비해 규모가 크다. 양쪽에 큰 무사석 한 개씩을 세우고 그 위에 넓은 판석을 올렸다. 원래 암문이 없었으나 신지옹성

복원 전 신지옹성 2암문

하늘에서 본 신지옹성 전경

출입을 위해 냈기 때문에 다른 곳과 비교가 된다.

본성만 보지 말고 한 번쯤 옹성을 밟아 보는 것도 좋다. 사람들의 발길이 뜸해, 운이 좋으면 성벽 위를 노니는 까투리 노랫소리도 들을 수 있다. 푸드덕하고 놀라 날아가는 모양새도 일품이다.

신지옹성에서 본 본성

동장대 성첩 길

10

별에 닿은 동장대

동서남북과 수어장대까지 5곳에 장대 세워

신지옹성을 지나 동장대까지는 마지막 급경사 구간이다. 인조 때 개축하면서 남한산성 성벽 위에는 여장(女牆, 성첩이라 부르기도 한다.)이 구축됐다. 여장은 성벽 위에 쌓은 낮은 담으로 총 또는 화살을 쏠 수 있는 군사 시설이다. 청군들의 대포로 처참하게 부서지고 무너졌던 여장은 조선 후기까지 수시로 보수했다. 때문에 원성의 성벽과 여장은 이제 말끔하게 복원됐으나, 일부 구간은 부서진 그대로 두었다. 역사의 교육장으로 남기려는 배려에서다. 동장대 앞 여장이 그런 곳 중 하나다.

남한산성 어디든지 성벽을 따라가는 길에는 여장으로 이어진다. 이 낮은 담장에 몸을 기대고 얼마나 많은 군사들이 피땀을 흘렸을지를 생각하면서 경사가 급한 언덕을 올랐다. 발아래 왼쪽으로 작은 건물터가 보인

동장대에서 본 전경

복원 전 동장대 여장

다. 군사들의 초소자리인 군포지다. 산성 내에는 125개의 군포가 있었으나 모두 멸실됐고 이제는 터만 남았다.

　동쪽 가장 높은 봉우리에 동장대가 있었다. 장대는 조망이 가장 좋은 곳에 구축한 군사 시설물이다. 남한산성에는 동서남북과 봉암성 외동장대까지 5곳에 장대를 세웠다. 전쟁 때는 지휘소로, 평상시에는 성의 관리와 행정기능을 도맡았다. 현재 동장대는 멸실됐고 그 자리에는 부실한 나무 세 그루가 옛터를 지키고 있을 뿐이다. 동장대가 복원될 날이 기다려진다.

　동성포루에서 이곳까지 쉬지 않고 오르느라 숨이 가쁘다. 이쯤에서 발걸음을 멈추고 겹겹이 쌓인 산 능선을 둘러본다. 사방이 탁 트인 시야는 가슴을 뻥 뚫어 놓는다. 산바람도 상쾌하다. 광주 쪽으로 이어진 산줄기는 우람하다.

복원 후 동장대 여장

고색 짙은 성벽을 오롯이 보려면 성 밖으로 나가야 한다. 산성의 백미가 그곳에 있다. 남한산성 성벽 바깥은 최근 잡목림을 베어내고 탐방로를 새로 정비했다.

　여장 왼편은 싱그러운 숲이다. 대부분이 활엽수로 참나무, 단풍나무, 서어나무 등이 군락을 이루었다. 산뜻한 숲 향기를 마시고 싶다면 연초록 일색인 5월이 가장 좋다.

11

외성에서 만나는 옛사람 내면 풍경

남한산성의 외성은 한봉성, 봉암성, 신남성 등 3곳

무료한 일상을 뒤로하고 행장을 꾸린다. 산마루에서 옛사람들의 내면 풍경을 마주하러 나선 길이다. 동장대 아래쪽에서 길을 잡는다. 3암문 쪽으로 들어선다. 3암문은 동장대에서 50미터 아래 있다. 홍예로 된 이 문은 원성과 외성을 잇는 주요 출입구다. 오가는 발길이 많아서 그런지 다른 암문보다 규모도 크다. 이곳은 북쪽 지형이어서인지 이끼 낀 성벽을 볼 수 있는 구간이다. 3암문을 지나서 한봉성으로 들어서는 관문에 12암문이 살뜰하다. 외성 입구에 있는 12암문은 영락없이 미소를 짓고 있는 형상이다. 홍예의 성문 상부는 석축이 아닌 전돌에 석회까지 도배를 했다. 초승달을 떠올리게 하는 형상이다.

외성을 찾아나서는 길은 찾는 사람들이 많지 않아 호젓하다. 성벽은 축성 당시의 원형 그대로다. 성첩은 허물어졌고, 전돌과 석회가 여기저기 널브러져 뒹군다. 하지만 일부 남아 있는 성첩 하단에는 갖가지 문양을 음각해 수려한 미감을 뽐내고 있다. 사슴이며 물고기며 문양도 갖가지려니와 새겨진 글씨와 더불어 아름답다. 문양들을 만나면 반가움에 절로 미소가 떠오른다. 산

봉암성과 본성 연결부. 옛 성첩이 그대로 남아 있는 구간이다.

성답사의 매력이 여기에 있다. 옛사람들과의 무언의 대화를 나눌 수 있다는 것은 늘 흥미진진하다.

남한산성의 외성은 3곳에 축조됐다. 한봉성, 봉암성은 원성의 동북쪽에 자리하고, 신남성은 반대 방향인 남쪽 검단산 정상에 자리한다. 봉암성에서 시작되는 외성은 Y자 형태의 성벽을 이루다가 오른쪽 방향으로 한봉성과 맞닿았다.

무너지고 부서진 것은 가을부터 봄까지 더욱 빛난다. 무성한 수풀과 잡목

봉암성 출입문

하늘에서 본 봉암성과 한봉성

에 묻힌 성의 자태를 앙상한 풍광 사이로 또렷이 볼 수 있기 때문이다. 외성은 험준한 지형 때문에 전체 규모를 파악하기 어렵다. 항공촬영으로만 접근이 가능하다. 다행히 지형과 성벽이 높지 않기 때문에 경기도청의 협조로 천금과 같은 기회를 얻었다. 그나마 지난해 초여름 항공촬영 당시에는 녹음에 싸여 윤곽조차 흐릿했다. 다행히 늦가을 다시 탑승한 헬기에서 봉암성과 한봉성의 윤곽을 자세히 조망할 수 있었다.

봉암성을 지나 정(井)자 모양을 한 15암문을 나서면 한봉성이다. 동남쪽 산등성이에 축조한 성벽은 여태 온전하지만, 성첩은 멸실돼 흔적만 남았다. 1

킬로미터 남짓한 성곽을 따라 가는 길은 새소리 바람소리만 스산한 외길이다. 계곡이 있는 곳에 또 하나의 암문이 있다. 남한산성 16개의 암문 중 마지막 문….

16암문은 고지도에도 주요 길목 가운데 하나로 표시되었다. 산성에서 광주로 가는 지름길이라 사람들이 노상 붐볐다. 반질반질하게 닳은 성문 바닥을 내려다보면서 골짜기로 내려오니 사람의 심사를 쓸쓸하게 만드는 폐사지가 휑하다.

봉암성 입구

봉암성 외벽

봉암성 차단벽

12

한봉에서 되짚는 피의 전란

청군이 포대를 구축하고 산성 안을 유린하던 곳

한봉성 정상에 서자 성 안이 훤하다. 장경사도 신지옹성도 발치 아래다. 병자호란의 격전지인 이곳 한봉은 청군이 포대를 구축하고 산성 안을 유린하던 곳이다. 청나라 군사들은 여기서 성 안 구석구석에 포탄을 쏘아댔으리라.

어느 시대고 변화의 바람은 거세다. 이 땅은 반만년의 세월을 질곡과 풍상 속에 굳건히 지켜온 한민족의 터다. 풀뿌리보다 강한 민초들의 생명력에 더해, 외환일수록 임금에서 천민까지 탁월한 한민족의 기상으로 뭉친 민족정기로 버텨왔을 것이다.

조선 중기에 이르면 임진왜란과 병자호란으로 온 강토가 붉게 물들었지만, 나라를 지켜냈다. 조선 시대에는 두 번의 반정이 있었다. 병자년의 임금 인조는 그 중 하나인 인조반정으로 왕이 되었다. 선대왕인 광해군은 후금과 명 사이에서 실리 외교를 펼쳤으나, 반정으로 세워진 왕권은 조선의 외교정책을 '항명배금(抗明背金)'으로 선회한다.

이런 변화는 정묘호란과 병자호란의 불씨가 된다. 중원에서는 1616년 누

위 한봉에서 본 신지옹성 **아래** 오른쪽에 보이는 봉우리가 한봉이다.

르하치가 여진의 부족들을 통합해 후금을 세운다. 후금은 1627년 정묘년 조선을 침략한다. 형제지국의 관계를 약속하고 전란은 종결된다. 이후에 청 태종 홍타치는 국호를 청으로 고치고 황제국을 천명하며 명을 압박한다.

　조선의 명나라 일변도 외교는 1636년 병자호란을 불러온다. 인조는 소현세자와 신하들을 이끌고 남한산성으로 조정을 옮기고, 왕자와 공주들을 강화도로 피신시킨다. 이렇게 1636년 12월 14일에서 1637년 1월 30일 청태종이 산성을 떠날 때까지 한 달 보름간의 피 말리는 병자호란, 남한산성 싸움이 시작된다.

　당시 남한산성에는 1만 3,000명의 군사가 식량부족과 추위에 떨고 있었다. 인조의 둘째 아들 봉림대군이 숨어있던 강화도마저 함락되자 인조는 결국 항

삼전도에서 인조가 청 태종에게 '삼배구고두' 하는 모습을 새긴 부조상. 오른쪽에 대청황제공덕비가 보인다.

복을 결심하고 1월 30일 서문을 통해 송파나루 삼전도에서 청 태종에게 머리를 숙였다. 그해 2월 2일 인조는 청 태종을 배웅하고, 청의 요구로 그 자리에 '대청황제공덕비'를 세운다. 왼쪽에는 몽골어, 오른쪽에는 만주어, 뒷면에는 한자를 새겼다.

설어하며 성에 오르니 머리카락이 곤두서는데
지방사람 오히려 병자겨울 말하네
산천의 형세는 천리의 험함도 소용이 없고
⋯⋯(중략)⋯⋯
마침내 인사는 천수로 돌아감을 알겠으나
홍타치의 현마봉만을 통곡하노라.

조선 후기의 실학자 홍양호가 지은 『남한지』 가운데 실린 시 〈남한〉의 일부다. 오랑캐와의 전란을 겪은 이후 남한산성을 찾은 시인의 애끓는 심사가 그대로 전해온다.

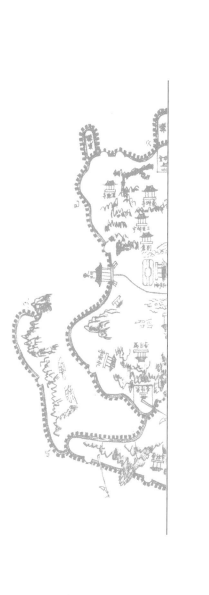

2부

벌봉에서 북문으로 길을 잡다

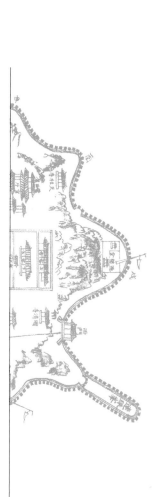

13
봉암성의 쪼그라든 암문 하나

외성 암문 중 가장 작은 문, 14암문

한봉 끝에 이르자 성벽은 멈췄다. 더 이상 성 줄기가 뻗어갈 수 없게 굽이쳐 가팔라진다. 무슨 의식이라도 집전하듯 마지막 성돌을 쓰다듬어본다. 성돌 하나하나에서 선인들의 가쁜 호흡이 전해온다. 코끝을 스치는 바람조차 옛이야기를 들려주는 듯하다.

유사 이래로 지금까지 수많은 이야기가 이곳에 남아 있다. 병자년 한봉을 쩡쩡 울렸을 포성과 단말마의 비명을 뒤로 하고, 다시 왔던 길을 되짚어 돌아간다. 한봉을 오고 가는 시간은 한 시간 남짓이다.

한봉성에는 여느 산성에서 볼 수 없는 특징이 있다. 산등성이를 휘감아 쌓은 다른 산성과는 확연히 구분된다. 한봉성은 단 한 줄의 성벽만으로 이루어졌다. 성벽은 허리 굽은 할머니 등처럼 산길을 굽이쳐 봉암성으로 향한다. 굽이치는 모양새가 느긋하고 여유롭다. 사라져 가는 성터를 찾아가는 길은 옛 사람들을 찾아가는 길일 터. 숨 막히는 속도전으로 치닫는 시대에 느림의 미학을 즐기며 다리품을 파는 것은 행복한 일이다.

봉암성 치성

　한봉성과 맞닿은 자리에 봉암성이 가로 막아선다. 외동장대를 타고 내려
온 성벽이 좁아지다가는 이곳에 이르러 밥주걱처럼 넓어진다. 네모 반듯한
15암문을 지나면 봉암성이다. 옛사람들은 이 작은 문을 자주 지났겠지만 지
금은 몇몇 등산객만 오간다.

　암문 오른쪽에는 치성(雉城)을 축조했다. 성벽 일부를 밖으로 돌출시켜 성

쪼그라든 14암문 외벽

봉암성 출입구

밖으로 길게 내놓은 성이
치성이다. 이렇게 하면
접근하는 적을 사방에서
공격하는 데 용이하다.
규모는 작지만 본성의 2
옹성과 같은 시기에 쌓았
다. 치성 옆 성첩에는 꽃
봉우리 모양을 한 독특한

봉암성 성첩 돌 문양

장식의 성돌이 이채롭다. 쉬어갈 수 있을 자리에 어여쁜 돌조각을 새겨 놓은
것이다.

봉암성에도 차단 성벽이 가로막았다. 차단 성벽 위로 여장의 일부는 지금
까지도 옛모습을 고스란히 간직하고 있다. 여기서부터 벌봉까지 성벽은 뒤틀
리지 않고 이어진다. 허나 세월을 온전히 이겨내지는 못했다.

봉암성에 들어서자 한때 2,000여 명의 군사가 주둔했다는 외동장대 터가
덩그렇다. 그 아래로 쪼그라든 14암문이 있다. 외성 암문 중에서 가장 작은
문이다. 이 작은 문으로 비밀이 오갔으리라. 성문이든 다리든 옛것은 사람들
이 이용할 때 그 가치가 빛난다. 이제는 오가는 사람조차 없는 암문이 더욱
초라하게 보인다.

14

벌봉에 올라 행궁을 굽어보다

청 태종이 집중적으로 공략한 전략 요충지

동장대 맞은편 외성에 산봉우리 하나가 솟았다. 그곳에 화산재가 응고돼 생
긴 암석 같은 바위가 벌봉(515m)이다. 바위가 벌처럼 생겨서 또는 벌떼가 집
을 짓고 살아서 봉암(蜂岩)이라 부른다는 유래가 있다. 벌봉바위를 정상에 두
고 산줄기를 오르락내르락 휘감아 성벽을 쌓았다. 벌봉바위를 최대한 활용해
자연 성벽으로 삼은 것이다. 바위 끝자락은 성첩이 달라붙어 가파른 능선으
로 내려서고, 밑으로는 깎아지른 낭떠러지다.

　이곳은 봉암성에서 가장 높은 곳이다. 잔가지가 없는 나무들이 늘어섰고,
가운데로 성 안쪽이 손금을 읽듯 선명하다. 가지울 계곡에서 바람이 능선을
타고 올라오는 산바람은 쌀쌀하고도 상쾌하다.

　370년 전, 청 태종 홍타치는 장수 용골대를 조선에 보내 남한산성의 지도
를 그려오게 한다. 황명을 받은 용골대가 보기에 남한산성은 보잘것없는 작
은 산성이었다. 그는 대충 그린 지도를 들고 돌아간다. 청 태종은 지도를 보
며 산성 인근의 강, 도성 위치 등을 자세하게 물어보는 것이었다. 용골대는

봉암성 정상 벌봉

대충 짐작으로 "강은 산성 서쪽에 있고, 도성은 강 건너편에 있습니다."라고
대답했다. 청 태종은 진노하며 말했다.

"네 말과 같이 강과 도성이 서편에 있다면, 남한산성의 산세가 마땅히 남
북이 길고 서북이 짧을 것인데, 어찌 반대로 동서를 길게, 남북을 짧게 그려
왔느냐. 다시 그려오라, 명대로 하지 않으면 네 목을 자르겠다."

벌봉 정상의 훼손된 성첩

　잔뜩 겁을 먹은 용골대는 성곽과 골짜기와 언덕 바위 하나까지 자세히 살펴 그렸다. 용골대가 그려온 지도에 만족한 청 태종은 지도의 한 장소를 가리키면서 말했다.

　"여기는 벌봉이라는 곳이다. 이곳은 벽력성(霹靂聲)의 정기가 깃든 바위다. 벽력성은 남극성(南極星)이 범하게 되면 망한다. 나의 주성이 곧 남극성이다. 만일 조선이 벌봉을 안에다 두고 산성을 쌓았더라면, 청이 쉽게 조선을 공격할 수가 없었을 것이다. 다행히 벌봉이 성 밖에 있다. 우리가 조선을 치면 조선 국왕은 남한산성으로 피하게 될 것이다. 이때 우리가 벌봉으로 가서 바위를 먼저 깨뜨리면 남한산성을 쉽게 함락시킬 수 있을 것이다."

　병자호란 당시 청군은 벌봉에도 청의 깃발을 세우고 화포를 설치했다. 청 태종은 성 안을 굽어보며 아련히 멀리 보이는 행궁을 조준해 화포를 쏘아댔

벌봉의 갈라진 바위

다. 머리만한 포탄이 떨어지자 행궁 담장이 무너지고, 임금과 신료들은 급히 행궁을 빠져나갔다. 망월봉의 동장대와 성첩이 모두 부서진 것도 이때다. 10평도 채 안 되는 공간에서 청병은 남한산성 행궁을 뒤흔든 것이다. 일설에는 청 태종이 벌봉바위에 서린 정기를 해치려고 화약으로 바위를 조각 내자 인조가 성 밖으로 나와 항복했다고 한다. 바위는 지금도 갈라진 상태로 기묘하게 서 있다.

청군들이 승전의 깃발을 들고 돌아간 50년 후, 1686년 숙종 대에 이르러 이곳에 2킬로미터 남짓한 성을 쌓았다. 4개의 암문과 포대 2곳을 만들고 곳곳에 군포를 세운다. 소 잃고 외양간 고친 격이다. 봉암성은 그렇게 태어났다. 하늘에서 본 벌봉 일대는 산줄기로 겹겹이 막혀 있다. 청군들은 무슨 수로 무거운 대포를 산꼭대기까지 옮겼을지 자못 궁금해진다.

15
산성 곳곳에는 옛 이야기가 아른아른
90년대 말까지도 온전했던 벌봉바위 끝자락 성첩 멸실돼

봉암성 정상 일대는 기암괴석이 삼삼오오다. 그 가운데 큼직한 바위에 새긴 글자가 후세에 봉암산성이 만들어진 경위를 말하고 있다. ○○성준, ○석지완, ○붕세 등 석공의 이름과 수어사인 윤지선의 이름이 또렷하다. 천 석의 재원을 확보해 숙종 12년(1686) 병인년에 비로소 신축했다고 한다. 1996년 5월 11일, 봉암산성신축비가 310년 만에 세상에 모습을 드러냈다. 비석은 벌봉 아래 집채만 한 암벽, 북쪽 방향 바위에서 발견됐다. 손질한 바위 면에 정사각형 형태로 50여 글자를 새겼다. 개중에는 마모가 심해 판독이 불가능한 것도 있다.

봉암산성신축비는 '남한산성을 사랑하는 모임(남사모)'이 발족되면서 찾아낸 첫 성과물이다. 남사모의 전보삼 씨(만해기념관 관장)와 회원들은 창립부터 지금까지 남한산성 행궁과 성곽 복원을 위해 다채로운 활동을 전개해왔다. 이를 토대로 당국과 긴밀하게 협조하며 세계유산 등재를 위한 결정적인 역할을 수행하고 있다.

오색 단풍 속의 봉암성

고색 짙은 봉암성 성첩

벌봉 무속인 자리

　남사모 회원들은 매달 마지막 일요일마다 산성 구석구석을 탐방하며 옛
사람들의 향취를 몸소 체험한다. 전문가의 역사적인 배경에 대한 설명도 곁
들인다. 눈과 귀는 호기심으로 반짝반짝 빛난다. 아직도 산성 곳곳에는 선인
들의 이야기가 바람결에 흘러다닌다. 들어줄 사람을 애타게 찾으며 말이다.
　암봉이 있는 곳곳에 무속인이 터를 잡았다. 소각장이라도 되는 듯 바위 구석구석이 시커멓게 그슬렸다. 일부 몰지각한 등산객들은 암봉에 올라 텐트까지 쳐놓고 취사를 하기도 한다. 등산화에 아이젠까지 착용한 축들은 봉암을 오르락내리락하며 성첩과 바위를 조금씩 마모시키고 있다.

1990년대 말까지 봉암바위 끝자락 성첩은 온전했다. 오색 단풍과 어우러진 성벽은 세월의 이끼가 자욱하게 묻어 고색창연한 빛깔을 보였지만, 이제는 멸실되어 그 풍광을 찾을 길이 없다. 산성을 통해 단절된 옛것을 다시 만난다는 것은 얼마나 감동적인 일인가. 이제는 볼 수 없는 풍광이 아쉽기 그지없다. 위험을 무릅쓰고 사진으로 기록해 둔 것이 얼마나 다행인지 모른다.

문화유산은 자본과 인력과 기술이 있다고 무한정 만들어 낼 수도 없다. 보존과 복원이 최선이다. 봉암 귀퉁이에 천덕꾸러기처럼 방치돼 있는 성첩을 보니 성곽과 짝사랑에 빠진 사진가의 마음이 아리다.

하늘에서 본 법화계곡

16

법화골을 내리닫는 바람의 메아리

청군 명장 양고리가 전사한 자리에 법화암 세워

성벽은 벌봉 아래로 굽어진다. 때문에 성 줄기를 따라 내려가는 것은 위험천만이다. 조금 돌아가더라도 등산로를 이용하는 것이 안전하다. 등산로를 따라 내려서서 13암문을 마주한다. 13암문은 외성에서 하남으로 나가는 마지막 관문이다. 성벽 밖은 가파른 산줄기가 첩첩하다. 500미터의 급경사를 따라 내려서면 법화사지 터가 편편하다.

넓게 펼쳐진 100여 평의 절터 구석에 모아놓은 와편과 돌무더기가 살뜰하다. 입구에는 제법 커 보이는 연돌바위가 있다. 이 바위에서 연을 날려 적의 동정을 살폈다고 전한다. 대웅전 터로 보이는 자리를 돌아 뒤쪽에 우물터가 있다. 마주한 암벽에는 '동고'라는 글자와 이름이 새겨져 있는데, 이름과 글씨체로만 보아서는 청군인지 조선군인지 알 수 없다.

절터를 뒤로 하고 30미터쯤 걸어 내려가면 3기의 부도 탑이 있다. 그중 가운데 것은 머리 부분을 염주로 장식했다. 높이가 1.4미터나 되

법화사지 부도

법화사지 답사객들

는 부도탑신에는 '평원당선백대사' 라
고 쓰여 있다. 왼쪽에는 6각의 받침돌
에 높이 93센티미터의 계란 모양 부도
가 있고, 오른쪽에는 6각 받침돌에 높
이 115센티미터에 종 모양을 한 부도
가 서 있다. 부도 안에는 어느 고승의
가사와 사리가 모셔져 있으리라.

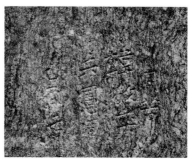

법화사 암벽 글자

　절터 뒤 바위에 올라서서 내려다본다. 지나간 역사만 남겨두고 이제는 텅
빈 절터에는 법화골을 내리달리는 바람의 메아리만 길게 이어진다. 산성에는
오래도록 눈에 담아야 할 아름다운 풍광도 많지만, 오래도록 마음에 담아두
어야 할 사연도 많다.

17

사람 자취 하나 없는 봉암성 성첩 길

성첩 사이로 빠끔히 성 밖을 향하고 있는 총안

법화사 산등성이는 잡목이 빼곡하다. 그 사이로 움푹 파인 좁은 산길에는 낙엽이 무릎까지 쌓였다. 그만큼 인적이 드물었다는 말일 게다. 암문 밖으로 고개를 쳐들면 두고 온 벌봉이 산성에 빠진 나를 내려다보고 있다. 오른쪽으로는 봉암성 성벽이 길게 줄을 섰다. 암문을 들어서자 한 무리의 등산객들이 기념사진을 찍느라 정신이 없다. 세상에 아직도 이런 곳이 있었냐는 듯 놀라는 표정이 역력하다. 개중에는 벌봉 암문 앞에서 감동으로 넋을 놓은 축도 여럿이다. 하남 상사창동 방면에서 능선을 타고 힘겹게 올라온 중년의 등산객들은 그렇게 수백 년 전의 과거로 빠져든다.

나는 봉암성 성첩을 따라 오른쪽으로 발길을 돌린다. 성벽 위에는 떨어진 낙엽만 뒹군다. 으스러진 성첩 사이사이에는 총안(銃眼)이 빠끔히 성 밖을 향하고 있다. 지금은 누구도 가지 않는 길이지만….

산성에 봄기운이 완연하다. 한결 보드라운 흙길, 조잘대는 이름 모를 산새들, 개화를 준비하고 있는 꽃망울들… 바야흐로 봄이다. 굽어진 성벽을 돌아

기와로 덮은 봉암성 성첩

봉암성 성벽 회절부 외벽

봉암성 13암문 밖

가자 갑자기 나타난 무법자에 놀란 들꿩 한 마리가 잽싸게 성첩 위로 날아오른다. 재빨리 망원렌즈로 바꿔달고 조심스럽게 다가가 몇 장을 찍었다. 셔터 소리에 놀란 새는 날아올라 산줄기 아래로 사라진다. 들꿩은 인적 드문 산속 활엽수림에서 생활한다. 낙엽과 비슷한 색깔에 어두운 흑갈색 얼룩무늬를 보호색으로 삼아 눈에 잘 띄지 않는다.

잡풀과 나뭇잎이 걷혀 앙상한 봄, 성벽이 또렷하게 전모를 드러낸다. 돌에는 축성 구간을 표시하는 글자와 산 모양의 문양이 새겨 있다. 위쪽에는 반듯한 전돌들이 차곡차곡 쌓였다.

봉암성에서 만난 들꿩　　　　　　　　　　성벽에 새겨진 산 문양

　지붕은 기와로 덮었다. 성벽이라기보다 한옥의 어여쁜 담장 같다. 성첩 안쪽 공터는 옛 군사들의 초소인 군포지로 보이는 흔적도 있다.

　2~3미터 높이의 성벽은 고아하다. 옛맛 그대로다. 여기서부터 동림사 절터까지는 성벽이 디귿 자 모양으로 이어졌다. 역시 인적이 드문 호젓한 길이다.

18
조선판 8학군 동림사 폐사지
극상림 군락지로 산성 동쪽을 방어하는 요새 역할

깊지 않는 산길을 빠져나오면 이내 넓은 절터가 펼쳐진다. 남한산성 9개 사찰에서 가장 높은 곳에 자리 잡은 동림사 터다. 일제 때 파괴된 후 버려진 채로다. 넓은 대지에 널브러진 돌축대며 기왓조각들 틈으로 솟은 잡풀들이 바람에 흔들린다. 축대 앞으로 성벽이 이어졌다. 산성 동쪽을 방어하는 요새 역할을 했던 동림사 일대는 도토리나무, 신갈나무, 굴참나무 등이 무성한 극상림 군락이다. 풍부한 식생으로 인해 동림사는 숲 속의 절로 불렸다. 가을이면 벌봉 암문 안팎으로 도토리 열매가 지천이다. 봄이면 삐죽이 순을 틔우는 도토리 싹이 향그러운 봄 내음을 전해준다.

　다산 정약용은 만년에 이곳을 자주 찾아 학문에 전념했다고 한다. 그래서인지 이곳에서 공부를 하면 장원급제한다는 소문이 나돌아 인근 지역에서 선비들이 많이 찾았다. 말하자

동림사지 앞 이끼 낀 봉암성 성벽

동림사 터

면 조선시대 판 '강남 8학군'인 셈이다.

　솟구쳐 오른 벌봉 아래는 우물이 하나 있다. 물맛 좋기로 소문난 벌봉 약수
다. 곁에는 언제 누가 세웠는지 남근석이 우뚝 버티고 섰다. 평소 같으면 대수
롭지 않게 지나쳐버릴 돌덩이다. 자세히 뜯어보면 성기(性器)을 빼닮았다. 마
을 입구 또는 마을 안 깊숙한 곳에 남녀의 성기를 상징하는 물체를 세워 놓고

동림사지 우물의 남근석

제를 지내는 것은 우리 민족의 독특한 성석 문화다. 다산과 풍요를 기원하는 이러한 기복(祈福) 신앙은 수천 년 전 산성에서부터 기원을 두고 있다. 주춧돌만 덩그러니 뒹구는 절터에도 생명의 염원이 함께 하고 있음을 확인한다.

봉암성 성첩 안길

19

역사의 숨결 고갯마루 옛길

군졸들의 얼어붙은 손발 녹인 숯가마와 소금 창고

동림사 절터 앞으로 수많은 발길이 오가면서 저절로 다
듬어진 고갯마루 옛길이다. 언덕을 넘어서면 성황당 터
가 있다. 어느 어머니의 치성일까? 오색 빛깔의 천이 돌
무더기 위에서 하늘거린다. 사람의 힘으로는 어찌할 도
리가 없는 재앙과 천명으로부터 지켜달라는 간절한 기
도가 돌 하나하나에 배어 있다. 어느 고을에서든 익숙
하게 마주할 수 있는 돌탑은 오랜 세월 우리 민족의 흥
성을 지켜봐왔으리라.

　오래 전부터 산성에는 수호신이 있다고 믿어왔다.
산성은 그 자체로 종족을 지켜주는 신성한 공간이기도
했다. 각종 신앙 의식이 행해지고 신화와 전설이 태어
났다. 때문에 어떤 산성은 실존하는 신으로까지 숭배되
기도 했다. 지역마다 성황당을 두었던 곳도 산성이고,

동림사 고갯길 성황당

나라의 안녕과 평화를 기원하는 제천의식이 열린 곳도 산성이다.

돌무더기 아래는 구릉지다. 구불구불한 골짜기를 따라 군병들의 초소가 있었다. 추위와 배고픔에 기력을 잃은 군사들을 위해 숯과 소금을 묻은 장소도 있었다. 소금 한 가마니를 네 덩어리로 나누어 군기고에 묻었다고 한다. 숯은 2만 4,000석을 구워 성첩에 나누어 묻었다. 동림사에서 동장대까지는 370석을 묻었다. 병자년 겨울은 추위가 혹독했다. 산성 안은 공기조차 얼어붙어 군병들의 손가락과 발가락이 동상에 잘려나가고, 얼어 터진 살갗으로 절망이 파고들었다.

전란이 패배로 끝나자 수어청에서는 유사시를 대비해 곳곳에 숯을 묻었다. 소금은 3년 간격으로 구워서 성첩에 묻고 창고 안에도 쌓아 두었다. 그해

봉암성 성첩

겨울이 얼마나 혹독하고 잔인했으면, 그 울분과 한이 얼마나 깊었으면 소금
과 숯을 묻어두었을까? 가슴 한쪽이 묵직해진다.

성첩에 새겨진 사슴 문양

20

매혹의 성벽 길, 성첩에 아로새긴 문양

외성으로 가는 에움 길은 남한산성에서 가장 매혹적인 성벽 길

성황당 고개에서 본성 입구까지의 성첩과 성벽은 훼손된 채 잡목 속에 묻혀 있다. 어느 정도 원형이 보존된 성첩에는 사슴과 물고기 등을 가공한 돌장식이 박혀 있다. 살벌한 군사 시설을 만들면서도 미적 감각을 잃지 않았던 이름 없는 석공들의 솜씨가 갸륵하다.

여기서부터는 봉암성 줄기가 갑자기 좁아진다. 좁은 성 줄기를 버려두고 산등성이로 길을 잡는다. 산마루 양쪽으로 성벽은 10미터 간격을 두고 나란히 동장대까지 이어진다. 성벽 사이로 수레가 지날 정도의 넓이로 길을 텄다. 길 위로 고단한 삶을 살다간 옛 군병들의 애환이 해묵은 책장처럼 스산하게 펼쳐지는 듯하다.

하늘에서 본 동장대 밖 외성은 한 폭의 그림이 따로 없다. 하늘에서 보지 않으면 도저히 전체를 한눈에 담을 수 없는 그림이다. 왕족이라도 된 것처럼 아무나 누릴 수 없는 특권을 가진 기분이다. 내가 보답하는 길은 이 풍광들을 렌즈에 담아 잊어버린 역사를 불러내고, 때론 귀중한 사료를 만드는 것이다.

하늘에서 본 매혹적인 봉암성벽 길

잡목이 자라난 봉암성 성벽

봉암성과 한봉성은 본성에 비해 절반에도 못 미치는 규모의 외성이다. 산성의 웅장함도 찾기 힘들다. 허옇고 반질반질하게 빈틈없이 마름해 놓은 본성에 비하면 한마디로 보잘 것 없다.

하지만 외성은 외성대로 매력 덩어리다. 거칠고 투박한 매력이 마치 뚝배기의 장맛처럼 은은하다. 엄연히 군사 시설인데도 온갖 문양을 수놓아 단조롭고 밋밋해 뵈는 것을 피했다. 고색창연한 옛맛이 바로 여기 있다. 외성으로 가는 길은 남한산성에서 가장 매혹적인 성벽 길로 꼽힌다.

이 길은 생생한 숨결을 느끼며 몸소 체험해야 제맛이다. 이 아름다움을 원형 그대로 보존해 후세에 물려주는 것은 우리의 책무다. 외성을 더 이상 훼손하거나 방치해서는 안 된다. 성벽을 찢고 가르는 잡목부터 걷어내야 한다.

호젓한 봉암성 옛길

21

외성, 그 비밀의 정원을 되새기다

인조가 항거를 결의하고, 청 태종이 항복을 종용하던 곳

성 안 동북쪽 망월봉은 본성에서 가장 높은 봉우리다. 이름 그대로 정월대보름이면 달맞이를 하는 곳이 망월대다. 망월봉에 동장대 터가 있다. 인조가 대청 항쟁을 결의한 곳도 망월봉이다.

1636년 12월 18일, 망월봉에 오른 인조는 남한산성에서 싸우기를 결의하고 팔도에 근왕병을 일으킬 것을 촉구한다. 그로부터 한 달이 지나고 청병은 백기에 '좌항(左降)', 즉 항복하라는 두 글자를 써서 망월봉 아래 세웠다.

수십 년은 족히 잡목과 잡초로 가려져 있었을 망월봉 성벽이 얼굴을 드러냈다. 벌봉에서 쏘아댄 청병의 포탄에 부서진 성벽은 복원된 상태다. 외성과 인접한 성 줄기는 더욱 확연해졌다. 300여 년 전 이곳 외성은 어땠을까? 그런 생각을 하며 봉암성 출입문 앞에 선다. 창덕궁 후원인 비원이 자연스레 떠오른다. 무엇인가 감추어져 있는 비밀스러운 정원, 비원(秘苑). 숨소리마저 조곤조곤 삼키게 하는 정적 속의 비원. 그러나 비원은 일제강점기 때 창덕궁의 후원을 비하하기 위해 만든 이름이다. 우리가 불러야 할 이름은 금원(禁苑)이 옳

봉암성 뒤쪽 동장대

외성과 본성 연결부

다. 남한산성의 외성은 마치 금원처럼 은밀한 매력이 가득하다.

　본성에서 비켜 있는 곳, 그러나 본성을 통해야만 들어가 수 있는 곳. 공휴일이나 주말이 되면 남한산성은 수도권 인근 사람들로 붐빈다. 그러나 산성 방문객 대부분은 본성만 종주하고 돌아간다. 외성이 있다는 것을 아는 이는 드물다. 비록 대궐의 후원 같이 화려한 정자는 없지만, 굽이굽이 쌓은 외성의

망월봉 성벽

성벽에는 옛사람들의 결연한 의지가 스며 있다. 선조들은 심지가 박히고 상한 손으로 단단한 바위를 다듬어 철벽을 쌓았으리라. 돌 하나하나가 '살아있는 자여 따르라'고 일어서 포효하는 것만 같다.

22
산마루에 거대한 용이 출렁거리다
깊은 계곡을 뚫어 문을 낸 3암문과 4암문

동장대 아래 본성에 3암문이 있다. 최근 성 밖으로 20미터 계곡 아래까지 나무를 잘라냈다. 성벽이 급하게 휘어지는 곳에서 성 밖 멀리까지 탁트여 넓고 시원스럽다. 성벽 아래로는 산줄기가 가파르다. 이곳은 남한산성 구간 중 성벽이 가장 길게 이어진 구간이다.

2009년 11월 하순, 남한산성 3,000피트 상공에서 산성 외곽을 세 번을 돌아 조망했다. 하늘에서 본 성벽은 보는 각도에 따라 모습을 달리하고 다가왔다. 볼 때마다 달라지기에 좋은 그림을 찾기 위해서 여러 차례 고도를 조정해야 했다. 촬영은 난항을 거듭했다. 때로는 위험을 무릅쓰면서 헬기 밖으로 몸을 내밀었다. 거센 바람에 뷰파인더가 눈에 잡히질 않았고, 요란한 프로펠러 돌아가는 소리에 귀가 먹먹했다.

미사리를 따라 넓은 한강 줄기에서 산골짜기를 따라 오른 바람이 헬기를 향해 세차게 불어왔다. 산줄기 뒤편 계곡에는 법화사지가 내려다보인다. 동림사 절터는 거의 수평에 닿아 있다. 북문으로 내려가는 지점

거대한 용 형상의 북쪽 성벽

하늘에서 본 북쪽 성벽

으로 급경사를 이룬 성벽에는 4암문이 있다. 동장대에서 서북쪽으로 250미터 거리다. 골짜기 밑바닥으로는 수구문의 수구가 보인다. 그 옆으로 암문이 빠끔히 구멍을 내밀었다.

4암문은 북문의 보조 역할을 한다. 밖으로 연결된 산길을 따라 1킬로미터 정도 내려가면 하남 하사창동이다. 깊은 계곡을 뚫고 낸 암문이 보인다. 성 밖에서 볼 때 왼쪽 성벽이 급하게 올라붙었다. 마치 암문을 내려다보면서 출입자를 감시하는 듯하다. 4암문은 산성에서 유일하게 안팎의 문틀이 다르다. 밖은 작은 홍예석이고 안은 크기가 두 배가 큰 우물 정(井)자 모양이다. 성문 하나에도 세심하게 변화를 준 선조들의 지혜가 놀라울 따름이다.

산성 북쪽은 볕이 드물어 대부분 음지다. 성 줄기가 드러나지 않는 곳이기

4암문 외벽

도 하다. 항공촬영을 한 날에는 전날 밤 내린 함박눈으로 성벽이 환했다. 하늘에서 내려다 본 북쪽 성벽은 반짝거리는 흰 눈으로 인해 거대한 용 한 마리가 산등성이를 타고 날아오르는 것만 같았다. 이 무슨 하늘이 내린 행운이란 말인가. 감사하고 감사하는 마음으로 연신 고개를 주억거린 기억이 선하다.

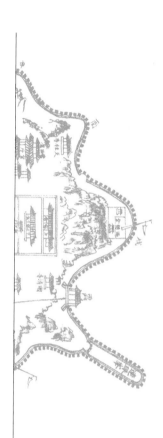

3부

그리고 수어장대로

북문에서 서문,

23
신라의 숨결이 깃든 성벽
신라 주장성 성벽 일부가 군포지에서 발견돼

4암문 안으로 들어서자 옛 군병들이 경계 근무를 서던 초소 터가 나온다. 조선시대에는 이 초소를 군포 또는 군포지로 불렀다. 이 근처에서 조선시대 배수 시설을 조사하던 중, 지하 4미터 아래서 조선시대 성벽 구조와 다른 구조물이 발견됐다. 조선시대에는 성벽의 안팎 폭을 2미터 정도로 쌓았지만, 발견된 성벽은 성벽 높이만큼 폭을 넓혀 쌓은 구조였다. 신라시대 축성방식이다. 성벽의 규모 또한 조선시대와 비교해 훨씬 크고 단단했다. 문헌으로만 전해오던 신라의 성벽이 1,300년 만에 세상에 모습을 드러낸 것이다.

지금까지 남한산성이 신라의 주장성일 것이라는 학설은 조선 초기에 간행된 『세종실록지리지』 기록 한 줄에만 근거를 두고 있었다. 신라시대 성벽의 발견이 학

4암문 앞 군포지

4암문 내부 입구

4암문 군포지 발굴 현장

설에 확증을 가져왔다. 남한산성은 조선 인조 2년 보수하기 전까지 절반 이상은 파괴됐지만 사용이 가능할 정도였다.

천 년이 넘도록 확실한 물증 없이 문헌으로만 전해오던 신라의 주장성 성벽 일부가 바로 이 군포지에서 발견된 것이다. 이곳 군포터의 크기는 2~3칸 정도의 규모였다. 2층 누각 형태로 1층은 초병들이 숙식을 해결할 수 있도록 온돌을 놓았고, 2층은 초소였다. 초소 바닥에는 판자를 깔고 문을 내 군병들이 성을 지킬 때 눈비를 맞지 않도록 했다. 군포 좌우에는 소금과 숯을 쌓아놓은 저장고가 있었는데 매염처와 매탄처가 그것이다. 군포지에서는 조선 후기 산성 방어의 주 무기였던 조총 부속품과 탄환이 발견되기도 했다.

24
보석 같은 물이 내리던 옥정사 터
성 안 백성들의 영혼의 안식처

신라 성벽이 발견된 언덕 너머에 허물어진 폐사지가 있다. 옥정사 터다. 신라 인들은 이곳에 절을 짓고 국태민안을 기원했다. 지세며 입지가 그야말로 명 당이다. 이런 명당에 옥수(玉水)까지 흐른다면 금상첨화가 아닌가.

인조가 남한산성을 수축할 때부터 이 절은 승군들의 군용 막사로 이용됐 고, 일제가 조선의 군대를 해산하고 절을 파괴하기 전까지 옥정사는 성 안 백 성들에게 영혼의 안식처 역할을 했다.

당시 성 안에 있는 아홉 개의 사찰은 남북으로 나누어 관리했다. 행궁과 동 문 중심으로 북동쪽에는 장경사, 망월사, 동림사, 옥정사를 두었고, 남동쪽에 는 개원사, 한홍사, 남단사, 국청사, 천주사를 두었다.

『택지리』는 사찰 안에서 승려들이 생활했던 모습을 자세히 기록하고 있다.

성 안에다 절 아홉을 세워 중들을 살게 하고 총섭 한 사람을 두어 중의 대장을 삼
았다. 해마다 활쏘기를 시험하여 후한 녹을 주는 까닭에 중들은 오로지 활과 살로

옥정사지 맷돌

옥정사 터

써 업을 삼았다. 대개 조정에서는 나라 안에 중이 많은 까닭으로 그들의 힘을 빌어서 성을 지키려던 것이다.

그 후 한봉성에 영원사가 세워진 후부터는 성 안의 절은 열 개로 늘어났고, 이를 한데 묶어 십사(十寺)로 관리했다. 당시에 산성 안의 절에 상주한 승군은 138명이며, 의승 356명은 전국의 사찰에 흩어져 있었는데 1년에 두 달씩은 산성으로 들어와 근무하도록 명했다.

이제는 무너져 자취조차 희미한 자리에 수많은 사람들의 목을 축여주었을 우물만 덩그렇게 남아 지난 세월을 담고 있다. 곁에 뒹구는 맷돌은 어처구니를 잃어 마음까지 스산하게 한다. 옥정사지에서 산성으로 가는 길에는 진달래와 들꽃들이 산들바람에 너풀거린다.

북쪽 성벽 길을 따라 걷는 답사객들

북쪽 군포지

25

동남성과 서북성, 누가 더 잘 쌓았나

이회와 벽암대사의 일화가 전하는 교훈

북문을 향해 내려가는 길이다. 조망이 용이한 곳에는 어김없이 군포지가 있다. 성벽으로 기어오르는 개미 한 마리도 놓치지 않을 그런 지형이다. 성 밖 멀리까지 한눈에 들어온다. 신라의 군사들도 고려의 군사들도 이곳에서 당과 몽고와 싸웠을 것이다. 그 고난의 역사를 통해 조선은 풍부한 비책들을 성 곳곳에서 발휘하고 있다.

북쪽 성벽은 다른 구간에 비해 길게 이어진다. 성벽 아래로는 급경사라 적병들이 공격하기 쉽지 않았다. 이러한 자연 지세를 십분 이용해 성벽의 높이도 남쪽에 비해 3미터 정도로 낮게 쌓았다. 남한산성 본성은 축조할 당시부터 동남쪽과 서북쪽을 나누어 쌓았다. 1624년 인조 2년부터 1626년에 걸쳐 성곽 축조가 진행된다. 일설에 따르면 당시 동남성 축성 책임자는 이회였고, 서북성은 벽암대사와 승병들이 맡았다(학계에서는 이회는 실존인물이 아니라고 말한다).

동남쪽은 지세가 험하고 가팔랐다. 이회는 기일 안에 성을 다 쌓지 못했다.

군포지 아래 법화골

그러나 벽암대사는 기간 안에 서북성 축성을 완료하고 남은 재정도 반납했다. 곧 이회가 공사경비를 주색에 탕진했기 때문에 공사가 지지부진이라는 소문이 났고 조정은 조사에 착수했다. 이회는 즉결처분으로 참수형에 처해진다.

이회가 형장의 이슬로 사라지고 한참이 지나자 벽암대사가 쌓은 성벽이 무너지기 시작했다. 원인은 부실공사였다. 반대로 이회가 쌓은 성벽은 기초부터 탄탄했다. 땅을 깊이 파고 초석을 튼튼하게 묻은 때문이었다. 심지어 중간의 성돌 하나를 빼내도 윗돌이 무너지지 않을 정도였다. 주색잡기 운운은 근거 없는 비방이었다. 이회는 억울하게 죽음을 당한 것이다.

"성 쌓기가 늦어지면 오래도록 무너지지 않을 것이요, 빨리 완성하면 무너

북쪽 성벽

지기가 쉬울 것이다. 세상에 그렇지 않은 것이 없으니, 성을 쌓는 일이라고 다를 것인가. 하루 계획으로 쌓으면 10년을 버틸 것이요, 한 달 계획으로 쌓으면 100년을 버틸 것이며, 1년의 계획으로 쌓으면 천 년을 버틸 것이고, 10년 걸려 쌓으면 만 년을 버틸 것이다."라고 병법은 가르친다. 이회와 벽암대사의 일화가 전하는 교훈이 바로 이것이다.

26

패전의 아픔 딛고 일어선 북문

또 다른 이름은 승리를 기약하자는 의미의 전승문

가파르게 굽이친 성벽 아래 북문이 있다. 산성 4대문의 하나로 인조 때 산성을 수축하면서 성의 동북쪽 주 출입구로 세운 문이다. 병자호란 때 우리 군이 전투를 치르기 위해 성 밖으로 나갔던 유일한 성문이다.

체찰사 김류는 총을 잘 다루고 날래며 담력이 좋은 300명을 골라 북장대 마당에 집결시켰다. 그리고 이들을 북문 통로에서 싸울 유격대로 편성했다. 별장과 초관이 유병을 인솔해 성문을 나갔고 김류는 북문 문루에 깃발을 세우고 북을 치며 싸움을 독려했다.

북문 아래는 가파른 내리막길이다. 계곡을 따라 내리막으로 청군들의 매복선이 있었다. 그러나 북문 밖 계곡에는 청병이 보이지 않았다. 김류가 청병의 매복조를 공격하도록 명령을 내렸지만, 아군은 계곡 아래로 내려갈 기미조차 보이지 않았다. 김류는 북을 치며 소리를 높였고, 군병은 주춤거리기만 할 뿐 싸울 태세가 아니었다. 김류는 군도를 비장에게 내주면서 군사들을 내몰았다. 계곡으로 내몰린 조선 군병들은 산 중턱에 매복해 기다리던 청병들

하늘에서 본 북문

에게 포위당했다. 대항할 겨를도 없이 순식간에 쓰러졌다. 적의 유인책에 말려 총 한 번 제대로 쏘지 못하고 전멸한 것이다. 청병의 전사자는 단 2명뿐이었다. 전투를 지휘했던 김류는 그날의 패전으로 혹독한 문책을 받았다.

어영군이 북문에서 싸우던 어느 날이었다. 1636년(인조 14년) 12월 24일, 한 군병이 왕에게 충심을 담은 고언을 올린다.

"이까짓 적은 어렵지 않습니다. 다만 비단옷 입은 지위 높은 사람으로 대장을 삼지 말아야 싸울 수 있습니다." 나라의 앞날이 풍전등화 같았는데 장수라는 자가 비단옷 입고 거들먹거리자 군병이 남긴 말이었다.

바로 전날인 12월 23일, 왕은 직접 북문으로 어가를 돌려 전투를 독려했다.

설경의 북문

북문

수많은 청병을 죽였지만, 아군도 수십 명이 부상당했다. 적의 목을 가져오면 아군의 사기가 올랐을 것이다. 하지만 청병은 싸움터에서 죽는 한이 있더라도 자국 군사들의 시체를 즉시 거두어 가는 것을 제1공으로 삼았다. 우리군은 청병의 목을 베어 올 재간이 없었다. 어영군이 처음으로 머리 하나를 베어다 군문에 걸자 사기충천한 군병들이 그 목을 보고 껄껄 웃었다고 한다.

병자호란이 끝나고 정조가 산성의 4대문을 보수할 때 북문에 다른 이름을 붙인다. 패전의 아픔을 되새기고 승리를 기약하자는 의미의 전승문(全勝門)이 그것이다. 전승문은 하남의 상사창동으로 연결되며 조선시대 때 한강을 통해 들어온 세곡을 남한산성으로 옮기던 중요한 길목이었다.

27

과거는 묻지 마세요, 북장대 터

양주 목사가 주둔하며 병사들이 훈련을 하던 신지

북문에서 수어장대까지는 임산도로를 닦아놓았다. 벌목재를 옮기거나 산림을 관리하기 위해 만든 도로다. 유사시에는 물자를 수송하거나 화재를 진압하는 데 기능을 발휘한다. 도로는 가파르지 않은 오르막이다. 이제는 세 살 꼬마에서 허리 굽은 할머니까지 산성에서 가장 많은 사람이 다니는 길이 되었다. 북장대 앞은 온통 소나무 숲이다. 소나무 숲과 함께 성벽을 제대로 감상하려면 성 밖으로 나가야만 한눈에 볼 수 있다. 인적이 뜸해 호젓하다.

북문에서 250미터 거리에 북장대가 있다. 산성에 있는 다섯 개의 장대 가운데 전체 규모나 구조, 건물 배치를 확인하기가 불가능할 정도로 멸실됐다. 1700년대 초에 붕괴된 후 다시 수축하지 않은 탓이다.

남한산성의 수어청 가운데 중영장인 양주 목사가 주둔하며

수창대로 가는 성벽 길

북장대 외벽(치성)

훈련을 하던 신지(信地)가 바로 이곳이다. 이곳에서 병사 2,600여 명이 주둔
하며 훈련에 임했다. 인조 때 남한산성을 수축할 당시 북장대는 단층 누각으
로 세워졌다. 1636년 12월 14일 인조는 청의 공격을 피해 남한산성으로 조정
과 왕궁을 옮긴다. 이틀 후인 12월 16일, 임금은 성을 지킬 장수들을 배치하
고 각각의 임무를 하달한다.

신경식이 서울에서 뒤따라 왔으므로 동성 망월대를 지키게 하고 이영달로 중군을
삼았으며, 구굉은 남성을 지키되 수원부사 구인후로 돕게 하고, 이괄을 기복하여
종군으로 삼고 이서로 북성을 지키게 하였으며 이시백은 서성을 맡되 이직으로

북쪽 성벽

종군을 시켰다.

첩첩한 골을 앞뒤로 둔 북장대는 한때 거친 함성이 가득했을 것이다. 이제
는 흔적조차 찾을 수 없이 멸실되어 마치 '과거는 묻지 마세요'라고 말하는
듯하다. 비밀은 비밀대로 세월에 묻히고, 잊혀져가는 것들은 잊혀져가는 것
대로 뒷모습을 남긴다. 세상사가 이렇다.

28

산성건축의 백미, 연주봉옹성

옹성 가운데 가장 높은 지대에 쌓은 5옹성

5암문은 연주봉옹성으로 이어진다. 이 암문은 다른 암문보다 내부가 깊은 것이 특징이다. 암문 안쪽 벽은 돌로 감았고, 바깥쪽 성벽은 2미터 가량 돌출시켜 치성을 만들었다. 암문을 빠져나오면 정면에 솟은 봉우리까지 300미터가 넘는 긴 성첩을 이어서 쌓았다.

연주봉옹성은 5옹성으로 옹성 중 가장 높은 지대에 쌓았다. 성첩 뿌리만 있던 것을 「남한산성지도」를 토대로 2003년 복원했다. 옹성은 치성과 달리 본성 성벽의 하단에서 성벽을 연결해 축조하는 방식이다. 암문을 통해 본성과 오고갈 수 있도록 하기 위해서다. 연주봉옹성 끝에는 동그랗게 포대를 설치했고 성벽 중간에 포혈을 뚫었다. 두부모 같이 잘라놓은 총안 밖으로 아차산성과 보루군, 멀리 북한산성까지 한눈에 잡힌다.

복원 후 연주봉옹성

하늘에서 본 연주봉옹성

연주봉 포루에서 본 북한산과 아차산

　연주봉옹성은 성벽 없이 여장만 산등성이에 두 줄로 뻗었다. 완만한 고갯
마루를 넘으면서 부드럽게 이어지다가 끝부분에 둥근 굴뚝을 세워놓은 것이
위로 솟았다.

　하늘에서 본 연주봉옹성의 자태는 산성건축의 백미다. 옹성은 길게 뻗으

며 남한산성에서 전망의 중심을 차지하고 있다. 옹성 아래로 천호동, 길동 등 동서울이 지척이다. 북문 아래 산줄기로 이어지는 토성은 역사의 비밀보따리 춘궁동과 교산동을 곁에 매달아 놓은 듯 품고 이성산성까지 뻗어서 멈춘다. 오른쪽으론 벌봉까지 손에 잡힐 듯하다.

연주봉치성과 서문 사이의 성벽은 이끼가 덮여 고색창연하다. 수백 년 역사가 검푸른 이끼가 되어 켜켜이 쌓였다. 성첩 안쪽은 소나무 군락지다. 성벽이 급하게 휘어지는 바깥쪽에 전망대를 세웠다. 전망대에 오르자 대모산성과 백제 왕궁으로 추정되는 풍납토성, 몽촌토성 줄기가 한눈에 쏙 들어온다. 송파 위례 신도시가 들어설 녹지대가 코앞으로 바짝 다가온다.

옹성을 지나 서문으로 길을 잡는다. 길이 가파르다. 마치 매서운 눈초리로 쏘아보는 것만 같다. 급하게 굽어지는 성벽 앞에 서자 시원하게 탁 트이는 시야. 그 아래로 웅크린 성남과 남서울, 하남 일대가 찬 공기를 머리에 이고 앉았다. 가까이는 아차산과 북한산이 보이고, 멀리 관악산과 도봉산도 한 달음이면 올라설 수 있을 것만 같다. 오른쪽 구석, 검단산이 실눈을 뜨고 풍경의 한 자리를 차지하고 있다.

송파들에서 바람이 여러 갈래로 흩어져 계곡을 따라 치밀고 올라온다. 골바람에 맞서 걸으며 두 팔을 벌릴 양이면 날아오를 것 같다. 여름날 서쪽 성벽은 노을이 비끼는 저녁 햇살을 받아 눈이 부실 지경이다. 고성으로 스미는 석양과 21세기 거대도시의 야경이 마주하는 자리, 황홀하다.

29

하늘과 경계를 이룬 자리 서문

서문을 나선 임금은 오랑캐 앞에 무릎을 꿇다

산성의 4대문 가운데 가장 높은 곳에 서문이 있다. 4대문 중 가장 작아서 문루가 없다면 암문이라고 해도 될 정도다. 한 사람이 양팔을 벌리면 성벽 이쪽과 저쪽이 닿을 정도의 폭이다. 천장을 에워싼 회반죽이 노후되면서 전돌이 드러났다. 어설프게 치장하고 보수하느니 그대로 둔 모양새가 오히려 예스러운 풍미를 그윽하게 자아낸다.

동문 인근의 지형이 드세고 골이 깊은 곳이라면, 서문은 하늘과 경계를 이루는 자리여서 아늑함이 묻어난다. 겨울이면 굽어지는 산줄기를 따라 하얗게 도배를 한 듯 성문과 성벽은 설경 속에 빛난다. 연초록에 물든 5월이면 서문 일대는 생동감이 넘치는 한 폭의 그림 같다.

아름다운 광경을 자랑하는 서문에서 치열한 교전이 일어난 때는 1637년(인조 15년) 1월 23일이다. 삼경의 어둠을 틈타

서쪽 하늘에서 본 전경

설경 속의 서문

적군이 공격해왔다. 당시 서문은 수어사 이시백이 지키고 있었다. 적은 성벽에 사다리를 걸치고 넘어들어오려 했다. 수첩군관 송의영이 눈 밟는 바스락 소리에 일어났을 때는 적군이 거의 올라온 즈음이었다. 장대로 올라오는 적의 가슴께를 밀어 떨어뜨렸다. 그렇게 화살과 총탄이 빗발치는 교전이 시작됐다. 그 밤 적은 세 차례에 걸쳐 공격을 감행했다.

1월 24일 아침, 성 밖의 빙판과 눈밭은 온통 붉게 물들어 있었다. 청군은 최후통첩을 전한다. "황제께서 너희 나라가 명령을 듣지 않는 것에 노하여 섬멸시키기로 하셨으나 돌아

암문 형태의 서문 홍예

노을에 물드는 성벽

가기에 급해 이 일을 오로지 열 명의 왕자와 용(용골대), 마(마부대) 두 장수에게 맡기고 밝는 대로 떠날 것이다. 그런 뒤로는 비록 화의하고자 해도 이루지 못할 것이다."

　그러나 이것은 조선의 항복을 받아내려는 기만책이었다. 산성은 식량과 물자가 바닥에 이른 상황이었다. 소와 말, 닭 한 마리조차 남아 있질 않았다. 행궁 안에서는 주화와 척화를 놓고 갑론을박 싸움이 계속됐다. 김상헌은 척화를 주장했고, 최명길은 항복을 주장했다. 영의정 김류는 이도 저도 아니었다.

　임금이 항복을 택하면서 45일 간의 수성전은 결말에 이른다. 굴욕적인 화의를 위해 송파나루를 향해 나서는 인조에게 청 태종은 말한다.

　"나를 만나러 올 때는 남문을 이용하지 말고 서문을 이용하라."

서쪽에서 본 송파들

　서문은 높이가 낮아 문을 나서면 급경사라 말을 타고 내려갈 수 없다. 서문을 빠져나온 임금은 세자와 함께 십오 리를 걸어 송파나루 삼전도로 향했다.

　송파나루 삼전도를 향해 걷는 인조의 마음이 이처럼 꽁꽁 얼어 막혀 있지 않았을까? 국운을 위해 치욕을 택한 임금의 고뇌와 비애가 이 작은 서문에 가득한 것만 같다.

서쪽에서 본 한강변 낙조

30
효심의 우물, 국청사 우물터

고려 말 이집의 일화로 한때 피부병 환자들 몰려

국청사는 서문 안쪽에 있는 절이었다. 산성을 수축한 다음인 인조 4년 백암대사가 세웠다. 이 절에는 화약을 만들어 보관하는 무기창고가 있었다. 일제가 무기 및 탄약을 수거하면서 1907년 8월 1일 절은 폭파되었다. 지금의 국청사는 한국전쟁이 끝나고 다시 지은 것으로, 원래 절이 있던 곳은 지금의 국청사 뒤편이다. 절이 허물어진 자리에는 잡초만 무성하다.

국청사 안의 유물들은 유래가 깊은 것들이 많았다. 그중 법당 내 주불은 신라 헌안왕 때 범일국사가 강원도 철원 보개산 심정사에서 만들어 봉안했던 천불 가운데 하나였는데 절이 폭파될 때 모두 사라졌다. 지금 국청사 폐사지는 발굴이 한창이다. 그 보배들이 세상으로 다시 나오기를 소망해본다.

국청사에는 우물터가 있다. 이 우물에는 고려 말의 선비 이집(李集)의 효심에 관한 재밌는 일화가 전한다. 이집의 아버지는 등창을 앓았다. 온갖 약을 다 써 보았지만 종기가 빠지지 않았다. 이집은 아버지의 쾌유를 빌며 국청사에서 불공을 드렸다. 새벽 기도를 올린 지 100일째 되던 날, 길가 우물에서 물

지금의 국청사

한창 발굴 중인 국청사 터

을 마시던 이집은 금붕어 한 마리를 잡아 집에 가져왔다.

그날 밤 잠을 자던 아버지가 목이 말랐는지 물고기가 들어있는 물을 마셔버렸다. 이튿날 별안간 종기가 터지고 시원해지면서 등창이 씻은 듯 나았다. 이후 병을 낫게 해준다는 우물로 알려진다. 한때는 전국의 피부병 환자들이

국청사 효자 우물

몰려들어 유명세를 탔다고 한다. 지금은 가는 물줄기를 겨우 올려내는 정도
였으나 최근에 복구되었다.

간절한 기도는 하늘에 닿고, 애절한 곡은 산천은 울린다는 말이 있다. 과연
그렇지 않은가?

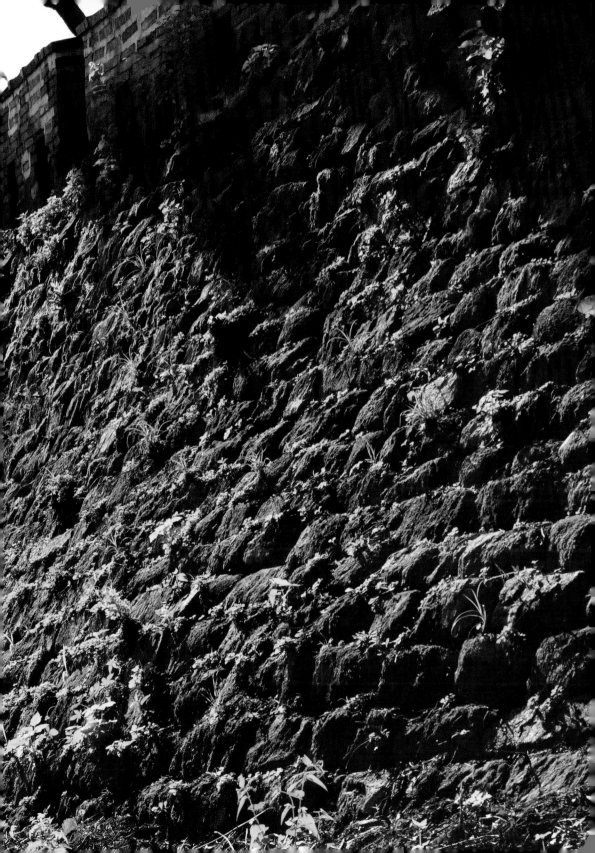

병암남성신수기비

성첩 보수기록, 병암남성신수기비

31

성첩 보수기록, 병암남성신수기비

홍국영이 개인 돈과 쌀을 들여 산성을 고친 경위 밝혀

서문에서 수어장대 가는 길이다. 성 안쪽 길을 잡아 오를 수도 있고, 바깥쪽 길을 잡아 오를 수도 있다. 바깥쪽은 가파른 경사가 많아 발길이 뜸한 편이고, 안쪽은 쉽게 다닐 수 있어 발길이 잦은 편이다.

병풍바위를 찾아 나선다. 그보다는 바위에 새긴 글을 찾아 나선다. 서문과 수어장대 중간에 있는 것으로 바위에 글귀가 새겨졌다. 정조 때 서문 근처가 파괴되자, 성 안에 있던 백성들이 부서진 곳을 자진해 고쳤다. 이것을 기리기 위해 광주부윤 서명응이 그 내용을 바위에 새겨놓은 것이다. 옆으로 비켜선 작은 바위에는 '병암(屛岩)'이라는 두 글자를 음각해놓았다. 그 모양이 병풍 같아 병풍바위라고도 불렀다.

'병암남성신수기비'는 세로 110센티미터에 가로 170센티미터의 크기다. 24행으로 한 행에 19자씩 글귀를 새겨놓았다. 이 비석은 남사모의 조병로 교수팀이 1996년 6월에 발견한 것이다. 1779년(정조 3년) 봄부터 6월 18일까지 약 50일간 성벽보수를 위해 전수어사 홍국

복원한 성벽

영이 개인 돈 1만 냥과 쌀 900석을 들여 산성을 고쳤다. 그 경위가 비석의 내용이다.

분담하여 시공하되 각각 성명을 타면에 기록하여 굳고 완전하면 상을 주고 아니면 벌하니 모두 용기 내어 응원하는 북이 이기지 못할 정도였다. 성 중의 부로가 술을 빚고 개를 삶아 위로하며 어린 남녀들도 회와 벽돌을 지고 이고 하여 다투어역사를 도우니 50여 일에 높디높은 분첩 30리를 쌓으며 장막을 진열한 듯 금석같이 견고한 장대와 문루에 단청이 찬란하니 모두가 임금님의 위덕의 소치이다.

눈 쌓인 성벽을 따라 산행하는 등산객

　남녀노소 할 것 없이 성벽을 고치는 데 힘을 써서 50여 일만에 성첩 30리
를 보수했다. 단정하게 보수한 성벽은 애초의 그것보다 더욱 견고하고 화려
했다고 한다.

　우리의 선조들은 생활 속에서 비롯된 크고 작은 일 대부분을 기록으로 남
겼다. 집을 지을 때는 대들보에 상량문을 썼다. 산천을 유람할 때는 나무나
바위에 산수유기(山水遊記)를 새겼다. 길을 낼 때나 다리를 낼 때는 축성기(築
城記)를 새겼다. 『조선왕조실록』과 같은 기록문화유산을 남긴 것도 그러한
전통이 있었기에 가능한 일 아니었을까.

32

웅장한 자태의 수어장대 무망루

치욕을 잊지 말자고 영조가 직접 지은 이름

서장대는 남한산성 중심에 자리하고 있다. 남한산성에는 동서남북의 장대와 외성의 외동장대까지 총 5개의 장대가 있다. 서쪽을 방어하는 장수의 지휘소가 바로 서장대다. 지금은 나머지 장대는 모두 없어지고 서장대만 남았다.

1624년(인조 2년) 산성을 수축할 당시의 서장대는 청량산 정상에 올려진 단층 누각 형태였다. 1751년(영조 27년)에 이르러 서장대를 2층 누각으로 중축하고 안쪽에는 무망루(無忘樓), 바깥쪽에는 수어장대(守禦將臺)라는 편액을 걸었다.

무망루는 병자호란이 선대의 왕들에게 가져온 치욕과 원한을 잊지 말자는 의미로 영조가 직접 지은 이름이다. 전란을 직접 겪고 차가운 삼전도 돌바닥에서 삼배구고두(三拜九叩頭)의 치욕을 겪은 인조와, 청나라 심양에 끌려가 8년을 볼모로 잡혀 있다가 돌아와 북벌의 한을 풀지 못하고 죽은 효종의 원한을 되새기자는 의미다.

영조는 수어장대를 중축하고 편액을 하사하고는 남한산성에 들렀다. 곧장

하늘에서 본 수어장대 전경

수어장대로 오른 임금은 신하들과 병자호란 당시의 사건들을 이야기하며 날 저무는 것을 잊을 지경이었다. 영조는 한양에서 서해로 지는 장엄한 낙조를 보며, 솟구치는 비분을 담아 시를 읊을 정도였다.

수어장대의 지금 모습은 1836년에 다시 손을 보았다. 건물 기둥은 팔각장 주초석 위에 올려져 있고, 포는 주심포 양식의 이출목익공식이다. 1층의 사방

수어장대의 설경

수어장대 내부

1칸은 복도로 비워두고 정면 3칸, 측면 2칸만 장마루를 깔고 사방에 난간을
둘렀다. 2층은 1층 우측 뒤편으로 사다리를 타고 올라갈 수 있다. 2층 관문에
는 태극무늬를 그려 넣었다.

　수어장대는 성내에 남아 있는 건물 중에서 가장 화려하고 웅장한 자태를 뽐
내고 있다. 역사적인 가치로 보나 미학적인 가치로 보나 손에 꼽히는 고건축
가운데 하나가 바로 수어장대다. 커다란 왕궁은 물론 작은 절의 편액이나 보
잘 것 없는 완물(玩物)까지 보물로 지정되는 마당에 수어장대가 보물로 지정되
지 않는 것이 의아할 정도다. 관계 기관의 무관심과 행정 편의주의가 낳은 비
극은 아닐는지….

　상공에서 내려다본 수어장대는 장관이다. 한강이 동에서 서로 길게 뻗었

다. 고개를 빼고 보면 서울 시가지 북쪽을 넘어 멀리까지 오롯하게 다 가온다. 저곳을 지키기 위해 청량산 산성은 묵묵히 세월을 견딘 것이 아닐까? 통일신라의 요새로부터 한국

영조가 지은 무망루 현판

전쟁 전란의 격전지에 이르기까지 부수고 다시 쌓고를 얼마나 되풀이한 것일까? 한가로운 상춘객들의 발걸음 속에, 사진가의 객쩍은 심사만 요란하다.

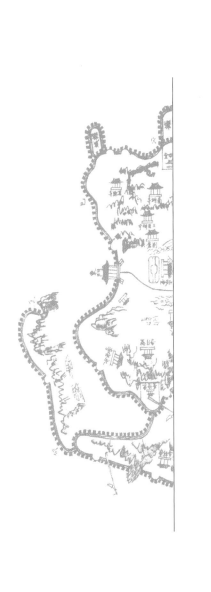

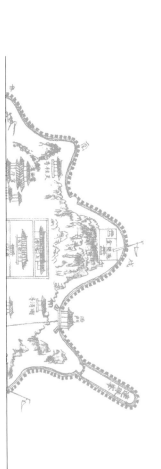

4부

수어장대에서
외성 지나 남문으로

33

비극이 담긴 매바위와 청량당

남한산성 축성을 맡아 억울하게 죽은 이회를 추모

수어장대 마당 한쪽에는 '수어서대'라는 글자가 새겨진 매바위가 있다. 이 바위에는 산성을 쌓을 당시의 애절한 사연이 깃들어 있다.

남한산성 축성 총책임자 이서는 이회와 벽암대사에게 각각 동남성과 서북성을 쌓도록 구역을 나누고 기한을 정해주었다. 앞서 들려준 이야기처럼 벽암대사는 기한 내에 축성을 마쳤으나 이회는 그렇지 못했다. 이회가 공금을 남용하고 주색을 즐기며 축성을 소홀히 했기 때문에 완공을 못했다는 것이었다. 이회는 군령에 의해 즉시 참수당하고 말았다. 이회는 목을 베이기 전에 자신이 죽는 순간 매가 날아온다면 자신이 무고한 것이고, 날아오지 않는다면 죽어 마땅한 죄를 지은 것으로 알라는 유언을 남긴다. 이회가 처형되는 바로 그 순간 어디에선가 날아든 매 한 마리가 수어장대 마당 한 켠의 바위에 앉았다. 이회의 죽음을 물끄러미 바라보던 매는 처형이 끝나자 날아갔다.

이회는 성을 기초부터 치밀하고 견고하게 쌓느라 기한을 못 지킨 것이다. 그가 공금을 탕진했다는 것도 한갓된 비방이었다. 그러나 이회의 비극은 여

청량당

기서 그치지 않았다. 이회의 부인 송씨는 자신의 남편이 책임자로 있는 남한산성 축성에 경비가 부족한 것을 걱정하다 팔도를 다니면서 쌀을 모아 남편을 도왔다. 남편이 처형당한 것을 알지 못한 송씨는 모아온 쌀섬을 싣고 송파나루로 들어온다. 한강을 건너던 배 위에서 남편이 죽은 것을 안 송씨는 강에 뛰어들어 자결하고 만다.

훗날 수어장대 아래에 억울하게 죽은 이회 부부의 혼령을 위로하기 위해 청량당을 세웠다. 청량당에는 벽암대사도 함께 모셨다. 벽암대사는 이회와 함께 성을 쌓았고, 병자호란 당시 승군을 이끌고 용맹하게 싸웠기 때문이다. 임금이 투항을 위해 서문 밖으로 나가는 것을 지켜본 벽암대사는 이후 자취

청량당 이회 장군도

청량당 송씨 부인도

를 감춰 찾을 길이 없었다고 전한다. 이를 애석하게 여겨 벽암대사의 영정도 함께 봉안했다.

청량당 인근의 만신들은 이회와 그 부인의 넋을 달래기 위해 매년 정월 초이튿날 당집에 모여 치성을 올린다. 음력 1월 2일은 송씨가 한강 쌀섬 여울에서 자결한 날이다. 청량당을 세운 얼마 후 이따금 여인의 곡소리가 들렸다. 무당을 불러 제를 올리고 굿을 하고 나서야 곡소리가 잦아들었다고 한다. 대동굿 보존회에서는 장군과 부인을 도당신으로 모시고 지금까지도 매년 8월마다 굿을 하고 제를 올리고 있다.

청량당은 매바위와

청량당 담장 밖으로 나온 향나무

함께 애절하고 원통한 사연을 간직하고 있다. 청량당 부근에서 오줌을 누면 오줌발이 얼어붙는다는 우스갯말은 그 한의 깊이가 얼마인지 짐작하게 한다.

청량당 남쪽 담장에는 족히 350년도 넘은 향나무가 자라고 있다. 나무의 주가지에서 갈라져 나온 곁가지가 청량당 담장을 뚫고 밖으로 나와 있는 모습은 기묘하기 그지없다. 예전에는 만신들이 이 가지에 치성을 드렸다고 한다. 연약한 가지 끝을 창처럼 벼려 벽을 뚫고 나온 가지는 억울하게 죽은 이회의 서슬퍼런 한을 떠올리게 한다. 모골이 송연해지고, 가슴 한 쪽이 서늘해 온다.

34
적을 물리친 곳, 서암문 파적지
서장대 인근의 우거진 솔숲은 새들의 낙원

수어장대에서 서남쪽으로 100미터 거리에 암문이 하나 있다. 6암문이다. 6암문은 남동쪽으로 흘러가는 성벽 방향과 반대쪽인 북서쪽으로 입구를 냈다. 때문에 외부에서는 암문의 위치를 쉽게 파악하기 힘들다. 이 문은 수어장대에서 행궁으로 곧장 연결되는 가장 가까운 곳에 있다. 병자년에 적들이 사다리를 걸치고 성벽에 붙어 기어올랐을 때 총이나 화살로는 겨눌 수 없는 각도라, 올라오는 때를 기다려 몽둥이로 쳐서 떨어뜨려 적을 물리쳤다는 이야기가 전한다. 이곳을 서암문 파적지(破敵地)로 부르는 이유다. '파적'이란 말 그대로 적을 깨부수었다는 뜻이다.

성벽을 높이고 곳곳에 암문이며 치성과 옹성을 내놓아 방비를 엄하게 했을 것이다. 그리고 370년이 지난 지금 내가 디디고 선 발 아래 어딘가에는 청병의 피와 조선군의 피가 한데 엉겨 말라붙어 있을 것이다. 싸움의 긴박함과 포성이 메아리쳐 가슴을 울린다. 성곽에는 이름 없는 군졸들의 평화를 향한 열망과 비명이 한데 뒤섞여 있으리라. 청군의 무자비한 살육과 도발도 바로

급하게 굽어지는 남서쪽 성벽

서암문 파적지에서 청병을 물리치는 모습을 재현했다.

이곳 어딘가에서 벌어졌으리라.

　암문을 둘러보고 내려가는 길이다. 성벽은 또 한 번 급경사로 꺾였다가 이
내 치달려 올라간다. 산성 곳곳에 선인들의 한이 스며 있고, 질곡의 역사가
고스란히 배어 있다. 성첩을 따라 걷노라면 어느 사이에 우렁찬 함성과 애끓
는 통곡 소리가 이명처럼 귓가에 윙윙거리는 듯하다.

　수어장대 인근 솔숲은 오랜 세월을 거치며 이제는 더욱 울창한 삼림이 되
었다. 서장대 인근의 숲 전체가 살아 있는 식물원이자 동물원이다. 생태계의
보고인 이곳에는 특히 산새들이 많다. 산새들의 성이라고 할 정도로 다양한
산새들이 눈에 띈다. 박새류, 직박구리류를 비롯해 노랑턱멧새, 들꿩 등 이곳
에 서식하는 새들은 그 종을 일일이 헤아리기 버거울 정도다.

천주봉 영춘정   수어장대에서 만난 들새

　수어장대 높은 봉우리에서 왼편으로 비켜선 아담한 봉우리가 천주봉이다. 천주봉 정상에는 팔각정이 있다. 영춘정이다. 영춘정에 서면 송파 지역과 성남 일대를 한눈에 담을 수 있다. 조선시대에는 망현(望峴)이라 불리기도 했다. 망을 보는 곳, 즉 적의 움직임을 감시하는 곳이라는 의미다. 천주봉 아래로 남문으로 향하는 길 초입의 널찍한 공터는 천주사 터다. 지금은 근처에 휴게소가 잘 정비되어 있다.

　팔각정을 내려와 천주사 터를 지나자 소나무 숲이 울창하게 모여들었다. 멀리 성남에서 산등을 타고 올라온 바람이 솔숲에 길게 꼬리를 감춘다. 해가 떠서 질 때까지 서장대 인근의 하늘 풍광은 천의무봉의 그림 한 점처럼 아름답다. 성첩에 기대서 넋을 잃고 하염없이 먼 곳을 보는 사람들이 부지기수다. 휘감아 도는 굽이를 지나 아래로, 아래로 길을 잡는다. 산성의 정문 남문이 기다린다.

35

인조가 올랐다는 노루목고개

서로 화목함이 없다면 허물어진다는 가르침의 지화문

남한산성의 성첩과 성문들은 부서진 채로 조선시대에 이른다. 선조 임금 대에 산성을 정비하면서 남문과 동문 그리고 수구문을 동시에 보수했다는 기록이 등장하고 이후 보수와 중축, 개축이 반복된다. 1624년(인조 2년)에 남한산성은 온전한 성곽으로 수축된다. 이때 동남성 보수를 맡은 이회가 다시 남문을 손질했다.

12년이 지난 1636년 산성을 지은 인조는 한양을 버리고 남한산성 남문으로 길을 잡아 피난길에 오른다. 인조가 산성으로 들어서던 길은 송파 오금동 백토고개를 넘어 문정동을 지나는 가파른 산등성이었다. 살을 에는 동짓달 칼바람이 산줄기를 타고 길게 불어왔다. 구중궁궐 깊은 곳에서 세상사의 괴로움과 곤궁함에 맞닥뜨린 적 없는 임금이었다. 지쳐 산등성이에 주저앉은 임금은 도저히 걸을 수가 없었다. 수행한 신하들이 고갯마루에서 방석을 깔고 그 위에 임금을 앉혔다. 방석 네 귀퉁이를 잡고서 간신히 노루목고개를 지나 남문까지 도착했다고 한다.

인조가 남문에 들어가는 모습을 재현했다.

남쪽 하늘에서 본 산성 전경

남문의 겨울

　인조가 남문으로 들어서던 1636년 12월 14일 밤, 왕을 인도하는 사람은 대여섯 명에 지나지 않았다. 문무백관 중에 어가와 함께한 사람은 여남은 명에 불과했다. 육조의 대신에 못 미치는 품계의 신하들은 이경이 지나서야 도착했다. 왕이 막 남문을 들어설 때 사슴 한 마리가 행렬을 가로질렀다.

　인도하던 내시 하나가 아뢰었다. "이것은 길조입니다. 전하께서는 오래지 않아 환도하시게 될 것입니다. 지난번 공주에 행차하셨을 때도 이런 징조가 있었기에 여쭙는 것입니다."

　산성의 주 출입구인 남문에서는 이후 많은 일들이 일어난다. 인조가 강화도로 가기 위해 남문을 나왔다가 강화행을 포기하고 다시 성으로 들어간 문도 남문이었다. 그뿐인가? 1637년 1월 18일 청병들이 나타나 최후통첩을 보

남문의 봄

낸 곳도 남문 밖이었다.

　남문은 남한산성의 4대문 중에서 유일하게 문루의 현판을 그대로 보존하고 있다. 남문의 다른 이름은 지화문(至和門)이다. 1778년 성곽을 보수하고 나서 정조 임금이 지은 이름으로, 인화하고 화목하라는 뜻을 담고 있다. 천혜의 요새와 같은 지형에 아무리 견고하고 빈틈없이 성을 쌓을지라도, 성을 지키는 백성과 관원과 군인이 서로 화목함이 없다면 허물어지고 말 것이라는 가르침이다.

　예나 지금이나 남문은 4대문 중에서 사람들의 왕래가 가장 많은 문이다. 하늘에서 내려다보면 남쪽 성벽은 유난히 길게 늘어졌다. 인조가 산성으로 올라왔다는 노루목 아래쪽으로는 하늘에서 보아도 첩첩산중이다.

하늘에서 본 신남성 동돈대

36

3번째 외성, 검단산 신남성

청병들이 홍이포로 행궁을 향해 쏘았던 곳

우리나라는 산이 국토의 삼분의 일을 넘는다. 집 뒤편의 동산에서 민족의 영산 백두산까지 산은 우리민족과 친근한 존재다. 전란이 터지면 바다로 막혀 있어 나아갈 곳이 없다. 산으로 들어가 후일을 도모하거나 결사로 항전을 했다. 오천 년의 역사를 통틀어 산성만큼 우리 민족의 환희와 비애를 깊이 새기고 있는 곳은 없을 것이다.

조상들은 봄 꽃놀이와 가을 단풍 구경과 같은 풍류를 즐길 때도 산에 올랐다. 산줄기를 따라 고개를 내고 한양으로 향하는 길을 잡았다. 산을 깎고 개간해 농사를 지었는가 하면, 풀 나무를 살뜰하게 키워 임업을 발전시켰고, 각종 금석을 채굴하기도 했다. 산에는 산신이 있어 우리를 지켜주었다. 도적떼가 있어 민심을 흉

신남성 서돈대

흥하게 하기도 했다. 우리네 산은 그 자체로 역사다. 남한산성이 있는 청량산도 그런 곳이다.

본성에서 남쪽으로 1.5킬로미터 떨어진 지점에 검단산이 있다. 검단산 상공에서 내려다본 남한산성은 동쪽과 남쪽이 험준한 산줄기로 겹겹이 둘러쳤고, 북서쪽 한강으로 가는 하남 방향만 빠끔하게 숨통이 트였다. 북문을 나서면 한강까지는 지척이다.

병자년에는 강원도 근왕병 1,000여 명이 검단산에 주둔했다. 단대리와 불당리에 진을 치고 있던 청병들은 근왕병의 두 배가 넘는 숫자였다. 청병들이 검단산을 공격해왔다. 후퇴하는 조선군 가운데 살아남은 자는 백 명도 채 되지 않았다.

신남성에서 본 1, 2, 3남옹성 전경

　검단산에는 남한산성의 세 번째 외성인 신남성이 있다. 1719년 숙종 임금 때, 패전의 경험을 되새겨 본성을 방비하기 위해 쌓은 것이다. 남한산성의 남쪽을 방어하는 진지라는 의미에서 '남격대'로 불리기도 한다. 신남성은 서로 마주 보고 있는 2개의 봉우리에 200미터 간격을 두고 성곽을 쌓았다.

　성은 규모가 작은 보루 형태의 돈대다. 돈대는 산성을 쌓을 수 없는 지형에

청군이 사용한 홍이포

전략상 설치한 구조물이다. 영조 때는 신남성의 두 돈대 위에 긴급 상황을 알리는 봉수대가 서 있었다.

조선은 전국에 봉수망을 운영해 일사불란한 연락체계를 세웠다. 남한산성 봉수는 전국의 봉수망과 별개로 운영됐다. 서울도성과 직접 연결하는 목적으로 이용됐다. 전략적인 요충지이기 때문이다.

동쪽 돈대는 봉우리 평지에 둥글게 쌓았다. 둘레는 134미터이며, 높이는 4미터 정도다. 1996년 한국통신 송신탑이 들어서면서 출입구인 서쪽 홍예문과 돈대 내부는 원형이 파괴된 상태다. 성벽과 수구는 원형 그대로 남아 있다. 서쪽 돈대는 출입구인 홍예문과 성벽이 원형대로 남아 있다. 조선 후기에 축조한 성문이라, 본성의 성문보다 기초가 탄탄하고 축조법이 세련됐다.

서쪽 돈대의 둘레는 121미터인데, 병자호란 때 청병들은 이곳에 홍이포(紅

夷砲) 10여 대를 설치하고 성안 행궁을 향해 쏘았다. '홍이'는 얼굴이 붉은 오랑캐라는 뜻으로, 화란(和蘭) 사람들을 일컫는 말이다. 지금의 네덜란드가 바로 화란이다. 홍이포는 화란에서 명으로, 명에서 청으로 건너간 화포인 셈이다. 홍이포는 사정거리가 10리가 넘었고, 화력과 성능이 매우 뛰어났다.

병자호란이 끝나고 어언 142년 후인 1779년, 남한산성 연무관에서 홍이포 시범이 있었다. 홍이포의 위력을 본 정조는 오래 전에 홍이포와 같은 화포를 알았더라면 병자호란과 같은 치욕은 없었을 거라며 탄식했다고 한다.

검단산은 본성이 있는 청량산보다 높다. 서북쪽으로 높은 산이 없어 서울 주변이 조망되는 지형이다. 오래도록 봉화를 피웠던 자리에 이제는 송신탑이 들어섰다. 최첨단의 군사시설이 속속 개발되는 오늘날에도 전략적 요충지는 변함이 없다. 지금도 신남성 정상에는 군부대가 자리하고 있다. 마치 조선의 봉수대와도 같은 통신부대이다.

하늘에서 본 1, 2남옹성

37

든든한 지킴이 1·2남옹성

'남장대옹성무인비' 발견, 노력동원 귀중 자료

헬기가 고도를 낮추어 본성의 남쪽 성벽으로 다가간다. 성벽은 산의 높낮이를 따라 파도처럼 출렁거린다. 1남 옹성과 2남옹성이 다가온다. 옹성은 성벽을 지키기 위 해 성 밖으로 길게 쌓은 작은 성이다. 1남옹성은 남문

1남옹성 외벽

2남옹성 전경

가까이 가파른 산등성이에 붙었고, 2남옹성은 남벽수골 골짜기로 뻗었다.

　남한산성에는 모두 5개의 옹성이 있다. 1남옹성, 2남옹성, 3남옹성은 남쪽
으로 설치해 검단산 쪽을 방어한다. 4옹성은 장경사 신지옹성으로 산성의 동
쪽을, 5옹성은 연주봉옹성으로 산성의 북쪽을 각각 맡았다. 산성의 남쪽은 산
줄기가 완만하게 트여 있어 적이 쉽게 공격할 수 있는 지형이다. 때문에 남쪽

2남옹성에서 발견된 남장대옹성무인비

에 세 개의 옹성을 집중적으로 쌓은 것이다.

7암문 밖에 1남옹성이 있다. 검단산 신남성으로 가는 길이다. 1남옹성은 아직까지 복원을 하지 않은 채로 방치된 상태다. 옹성과 연결시켜서 치성을 쌓았다. 1옹성의 치성은 본성에서 2미터 정도 밖으로 뻗었다.

2남옹성은 남한산성의 5개 옹성 중 규모가 가장 크다. 지난 1996년 5월 이곳 홍예문에서 글자가 새겨진 돌 '남장대옹성무인비' 가 발견돼 화제가 됐다. 축성을 맡은 감독 이름, 목수와 석수 등 당시 성벽을 쌓던 노동력의 실태를 정리한 기록이다. 지금 2남옹성은 발굴 작업이 한창이다. 복원이 완료되면 또 하나의 명소가 탄생된다.

38

7암문에서 8암문 사이

복원 마쳤으나 성벽 그윽한 맛 사라져

최근에 7암문과 8암문 사이 성벽은 복원공사를 마쳤다.

성벽을 복원할 때마다 관심 있는 사람들은 성벽을 눈여겨본다. 역시 성돌 하나하나에서 옛것만큼 그윽한 맛을 찾기는 어렵다.

무너진 돌을 재사용해 성벽을 쌓으면 비용절감도 되고 보기에도 옛맛이 나지만, 대부분의 성돌은 오랜 세월이 지나면서 모서리가 깨진 상태로 남아있어 쓸모가 없어졌다.

선조들은 인내와 끈기로 단단한 바위를 쪼개고 다듬었다. 갈라터지고 뭉툭한 손으로 정을 이용해 망치질로 시간과 추위와 싸웠다. 다듬기를 마친 돌을 이고 지고 길도 없는 산등성이를 오르내렸다. 수많은 사람들이 다치고 심지어 목숨까지 잃었다. 그 고생이야 글로는 다

8암문 내벽

석공들의 보수 작업 모습

표현할 수 없을 것이다.

기초가 튼튼해야 천 년과 만 년의 풍상을 버틴다. 산성 건축에서 가장 중요시하는 기초 구간은 성문과 곡성이다. 성문은 적이 제일 먼저 공격목표로 삼기 때문에 빈틈없이 다지고 견고하게 쌓았다. 급하게 굽어지는 성벽도 기초가 뒤틀리지 않아야 했다.

벽면이 굽어지는 곳은 면석(面石)과 뒷채움석이 견고하지 않으면 배불림현상으로 무너지고 만다. 뒷채움석을 가공하고 쌓으려면 숙련된 솜씨가 필요했다. 때문에 곡성(曲城)은 언제나 노련한 석공의 몫이었다.

8암문은 성 밖의 홍예문만 남겨두고, 성 뿌리부터 성첩까지 모두 하얀 새 돌로 바꿨다. 암문 내벽은 복원했지만, 암문 출입구는 철문을 닫아걸었다. 걸어

복원한 7암문 옆 성벽

잠근 철문을 보면 애초에 빈틈없이 다져 쌓았을 성벽이 언제 왜 무너졌을지 궁금증이 더한다. 더구나 8암문 인근에서는 전투가 있었다는 기록도 없기 때문이다.

7암문까지 길게 복원한 성벽을 보면서 동남성 축성의 주역 이회가 떠오른다. 그가 축성 일정까지 늦춰가면서 치밀하고 견고하게 쌓았다는 구역이 이곳 아니던가. 이회가 자신의 목숨과 바꾸면서 성 뿌리를 다진 곳이 바로 여기다.

39

치성을 나서면 신갈나무 군락지

1남옹성 등 3개 치성, 672년 문무왕 12년 축성 추정

치(雉)는 일정한 구간에서 성벽을 밖으로 튀어나오게 해 성벽으로 접근하는 적을 보다 효율적으로 공격할 수 있도록 만든 시설물이다. 치성(雉城), 곡성(曲城)으로도 부르며 그 역사는 삼국시대까지 거슬러 올라간다. 치성은 대체로 읍성에서 많이 볼 수 있다.

반대로 산성은 굽어지는 자연지형을 이용해 성벽을 축조했기 때문에 읍성에 비해 치성을 적게 쌓는 편이다. 특히 남한산성은 굴곡이 심해 치성보다는 암문이 필요했던 탓으로 16개의 암문을 냈다.

남한산성에는 5곳에 치성을 설치했다. 본성의 연주봉옹성 입구에 1개, 남쪽 1, 2, 3남옹성 입구 3개, 그리고 외성인 봉암성의 1개가 있다.

5개의 치성 중 연주봉옹성과 1남옹성, 3남옹성에 구축한 3개의 치성은 형태나 크기는 물론 축성법이 유사하다. 모두 성벽에서 2미터 정도 밖으로 돌출된 형태이고, 넓이는 16미터 정도이다.

학계에서는 이들 3개의 치성은 672년 통일신라 문무왕 12년에 축성한 것

설경의 2남웅성

보수 전 2남옹성 치

보수한 2남옹성 치

으로 추정하고 있다. 퇴물림쌓기 방법을 이용해 전체적으로 직사각형 형태이
며, 성벽의 빈틈없는 견고함은 통일신라 양식이기 때문이다. 삼국시대에서
통일신라에 이르기까지 축성된 치성은 직사각형 모양이 주를 이룬다. 이성산
성, 반월산성, 망이산성과 같은 고대 산성이 모두 직사각형 형태다.

　외성의 봉암성 치성과 2남옹성의 치성은 본성의 치성과 형태가 판이하게
다르다. 2남옹성의 치성은 길이 30미터에 폭 18미터나 되는 대형 구조물이
다. 성돌도 다른 옹성의 치성들과는 비교할 수 없을 정도로 크다.

　2남옹성 바로 안쪽에 남장대 터가 있다. 정조는 1788년 이곳에 2층에 문루
를 세우고 타운루(唾雲樓)라는 이름을 붙였다. 지금은 문루는 물론 장대마저
사라지고 초석만 남았다.

2남옹성 치성 위 성첩에는 어느 석공의 솜씨인지 예쁜 꽃 문양의 전돌이 남아 있다. 여장을 보수하면서 훼손된 줄 알았는데 다행히 온전한 모양이어서 반가웠다. 남한산성 여장 곳곳에 이렇게 새겨진 글자나 문양들이 보수과정에서 많이 사라져 버렸다. 안타까운 일이다.

남한산성은 고지대이다 보니 겨울에는 눈이 많이 오는 편이다. 어느 해 겨울, 눈에 폭 안겨 하얗게 뻗은 설경 속의 2남옹성은 지금도 잊을 수가 없다.

보수 전 꽃 문양

보수 후 꽃 문양

3남옹성 치성

40

2치성에서 3남옹성 가는 길

동화 속의 숲 길

2남옹성 치성을 내려오자 전통무예 십팔기보존회 단원들이 옛 군사들의 무예 장면을 재현하고 있다. 이들은 산성에서 축제가 열릴 때마다 멋진 무예를 선보여 호응을 얻고 있다. 십팔기보존회는 정조 때 이덕무가 편찬한 『무예도보통지』의 전통무예 18기를 계승하고 발전시키는 국내 유일의 단체다.

적병들이 성벽으로 달려오자 검과 창을 번개처럼 휘둘러 적을 물리치는 장면이 마치 실제 같다. 병자호란 이전에 이런 무술이 체계적으로 정리되어 있었다면 어땠을까? 인조에게는 천군만마와 같고 성 여기저기서 벌어진 백병전에서 모두 이겼을 것이다. 애초에 청나라가 넘보지 못할 국력을 이루었을 수도 있겠다. 생각이 속절없이 꼬리를 문다.

옛 군사들의 무예를 재현하고 있는 십팔기보존회 단원들

2남옹성에서 동문 인근 11암문까지는 성벽 안팎을 동시에 볼 수 있는 구간이다. 성벽을 따라 가는 길은 가파르지도 높지도 않다. 성돌을 어루만지며 걷는 것은 옛사람을 만나는 것과 다르지 않다.

고색창연한 성벽을 따라 담쟁이덩굴이 넌출거리고, 수풀 사이에는 부싯깃고사리가 드문드문 바람에 산들거린다. 성돌 틈으로 다람쥐가 뛰놀고, 이름 모를 산새가 울고, 장끼가 푸드덕 날아오른다.

오른쪽은 울창한 숲이 신록을 머금고 싱그럽다. 서어나무, 산벚나무, 고로쇠나무와 철쭉향기가 상큼하다. 산성의 남쪽은 5월이 절정이다. 동화 속이 따로 없다. 상의를 벗어던지고 숲의 기운을 온몸으로 마시며 산림욕을 즐기는 사람도 보인다. 역사와 자연과 산성건축이 한데 어우러져 진경을 펼친다.

3남옹성 포루

　보일 듯 말듯 출입구를 숨긴 9암문을 지나면 3남옹성이다. 남한산성의 5개 옹성 중에서 규모가 가장 작다. 잡목 속에 묻혀 보이지 않았는데, 발굴로 옛 모습이 확연히 드러났다. 3남옹성에서 성벽 쪽을 뒤돌아보자 산성건축의 걸작, 치성이 올려다 보인다. 이곳 치성은 보기에도 시선을 압도한다. 무겁고 긴 돌을 밑바닥에 깔고, 위로 올라갈수록 작고 가벼운 돌을 조금씩 뒤로 물려가며 쌓은, 철벽보다 견고한 성벽이다.

　3남옹성을 지나면서 성벽은 그 맛과 멋이 더욱 예스럽다. 기초가 틀어지지 않아 탄탄하다. 퇴물림으로 쌓아서 벽 위쪽 하늘로 치솟은 모양이 우뚝하다. 성첩도, 총안도, 갓돌도 원형 그대로다. 남한산성 축조 당시의 성채를 그대로 볼 수 있는 구간이다.

41
망월사와 어처구니없는 맷돌
감동의 크기만큼 영혼이 깨고 열린다

10암문 성첩에서 보면 성벽이 동남쪽 멀리까지 보인다. 성벽
은 굽어지지 않고 산 능선을 따라 남에서 동으로 길게 늘어
섰다. 이곳은 성벽이 축성했던 당시의 원형 그대로 보존된

보수 후 10암문

보수 전 10암문

보수 전 남쪽 성벽

구간이다. 암문 옆 성벽은 적대(敵臺)와 같이 암문을 에워싸고 있어 안에서 지키기는 쉽고, 밖에서 찾아내기는 힘든 구조다. 10암문을 500미터 정도 나가면 남쪽과 동쪽으로 성벽이 급히 굽어진다.

성첩은 인조 초기에 쌓은 것과 그 이후 쌓은 것이 형태와 가공 방법에서 차이를 보인다.

본성의 면석에 사용된 성돌은 대부분 통일신라 시대의 화강암을 재사용한 것으로 추정된다. 성첩의 근총안과 갓돌은 1626년 개축 당시 그대로다. 근총안은 성벽까지 내려온 현안 형태다. 성벽 면석은 가로로 쌓았고, 근총안 면석은 세로로 쌓은 것이 특징이다. 외성인 봉암성 성첩도 원형을 보존하고 있다. 성첩 위에 돌 대신에 기와를 덮었고 시멘트와 모래로 마무리했다.

이처럼 성돌 하나하나를 쌓아올린 방식이나 성돌의

초기 성첩 근총안

재질, 마무리한 방법 속에도 통일신라에서 조선에 이르는 역사가 담겨 있다. 돌 하나가 천 수백 년의 역사를 담고 있는 것이다. 아는 만큼 보이고, 본 만큼 느끼며 감동한다. 감동의 크기만큼 영혼이 깨고 열린다. 돌 하나하나 유심히 눈을 크게 뜨고 볼 일이다.

지금의 남한산성은 통일신라 옛터에서 조선후기까지 오랜 세월 성곽의 변천과 축조기술을 연구하는 데 중요한 자료가 되고 있다.

성벽이 굽은 자리에서 동쪽에 망월사가 보인다. 남한산성 9개 사찰 가운데 가장 오래된 절로 신라시대에 창건되었다. 고려 때 한양에 장의사란 절이 있었는데, 이성계가 개국하면서 허물었다. 장의사에 있던 불상과 금으로 글씨를 쓴 화엄경 한 벌, 금으로 만든 솥 하나가 망월사로 옮겨졌다. 망월사 역시

개축 글자 보수 전

개축 글자 보수 후

동쪽 성벽 위로 보이는 망월사

1907년 8월 1일 일제
에 의해 폭파되면서
모든 것을 잃었다가
한국전쟁 이후 복원
되었다.

망월사에는 언제
부터 전해왔는지 알
수 없는 맷돌이 있
다. 2미터가 조금 안
돼는 대형 맷돌로 윗
돌과 어처구니는 없
고 아랫돌만 덩그러
니 남아 애처롭다.

휘어서 굽은 성벽
곳곳에 하얗게 눈이
쌓여 있다. 멀찌감치
떨어진 곳에서 보니

망월사에서 본 성벽과 신남성

설경에 폭 파묻힌 산성과 절집 풍경이 한 장의 그림이 되어 마음속에 남았다.

성첩을 보수하면서 사라진 줄 알았던 벽돌 한 장이 보존돼 있어 그렇게 반
가울 수가 없다. 1985년 발견할 당시 벽돌에는 개축(改築)이란 글자가 새겨져
있었다. 그때 다른 글자는 마모가 심해 판독이 불가능했지만, 정조 때 성첩을
보수했다는 기록으로 보아 당시 것으로 추정된다.

2000년대 들어서면서 남한산성 성벽은 대대적인 보수를 하고 있다. 그 와

중에 파괴됐을 것으로 생각했는데 다시 찾았으니 옛 애인을 찾은 것 같이 반갑기 그지없다.

25년이 지나면서 글자에 균열과 석재 일부가 떨어져 나갔지만, 그때 찍은 사진 한 장이 있어 그나마 보람을 느낀다.

그 사진을 보면서 30여 년 동안 산천을 떠돌며 버려진 성터를 찾아 헤맨 사진쟁이의 감회는 남다르다. 사진 한 장이

망월사의 여승들

라도 남긴 것을 보람이라고, 정지된 사진이지만 역사의 기록을 남긴 것이라는 자부심을 가져본다. 세상이 이렇게 급변할 줄 알았더라면 그때 한 장이라도 더 찍어둘 것을, 후회는 늘 늦게 찾아오듯이 그리움도 사라진 후에 다가온다.

5부

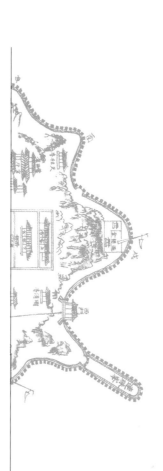

남문에서 성 중심부,
그리고 행궁으로

물자가 드나들며 도로 역할을 했던 11암문

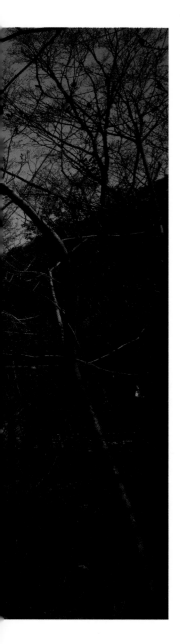

42

물자가 드나들던 암문

정조의 휴식처 주필암 자리해

산성 탐방의 여정은 동문에서 시작해 외성을 돌아나갔
다. 북문으로 서문을 거쳐 남문과 옹성을 지났다. 한 바
퀴 커다란 원을 그리며 본성과 외성 인근을 훑어온 것
이다. 여정은 원을 매듭짓고 성의 중심부로 향해간다.

11암문은 본성의 마지막 암문으로, 동문의 보조역할
을 했다. 11암문은 산성 16개 암문 가운데 규모가 가장
크다. 동문은 4대문의 위엄을 보이기 위해 높은 곳에
세웠다. 하지만 성문 밖으로 계단을 내서 우마차나 기
병은 출입이 불가능했다.

물자를 들고나려면 11암문을 이용해야 했다. 그리고
200미터 정도 내려가면 동문을 빠져 나오는 길과 합쳐
진다. 광주 방향에서 성 안으로 들어오는 모든 물자는
이 암문을 통해 운송됐다.

정조가 휴식을 취했다는 주필암

　계곡 옆에는 큰 바위가 있다. 정조가 1779년 여름, 남한산성 순시 길에 물 맑은 이곳에서 잠시 쉬었다. 그후 수어사 김종수가 임금의 지시로 기해주필(己亥駐蹕)이란 네 글자를 이곳에 새겼다. 정조가 휴식을 했던 때가 기해년이고, 주필은 왕이 거동하는 중간에 어가가 머물렀다는 장소다.

　앞에서 언급했듯이 정조는 당시 오른쪽 절벽에 우산이 펼쳐진 것처럼 서 있는 소나무 한그루를 보고 '대부송'이란 벼슬을 내리기도 했다. 하지만 많은 사람들은 남한산성을 드나들면서 이런 유래를 알지 못하고 지나치고 만다.

　동문 아래 계곡에는 성벽 밑바닥을 뚫어 낸 수구가 있다. 남한산성의 모든 물줄기가 이곳을 빠져 광지원으로 나간다.

동문 아래 수구

개원사 터

43

승군의 총사령부, 개원사

인조, 전란 중에 생부인 원종의 영정 안치

아껴주십시오.

우리들의 정든 보금자리

그냥 에서 살게.

눈으로 눈으로만

보아주세요.

- 야생풀 꽃나무 일동

개원사 입구 수풀에 세운 나무표지판에 쓰인 글귀
다. 야생의 풀, 나무, 꽃이라고 아픔을 모를까. 글귀가
인상적이어서 오래 마음속에 되새기게 한다.

남한산성 역사관을 지나 산성천 다리를 건너면 개원
사 입구다. 병자호란 당시 개원사는 승군의 총사령부
구실을 했다. 한때 절이 아닌 전선의 지휘소였다고 하

산새들 집. 남한산성은 생태계의 보고이기도 하다.

니, 산들바람에 은은하게 들리는 풍경소리가 마음을 숙연하게 한다.

『남한지』에 따르면, 1636년 12월 24일 개원사 승려가 꿀서 말을 승군들에게 상으로 보내 사기를 북돋았다고 한다. 1637년 1월 11일, 인조는 전란 중에 생부인 원종(元宗)의 영정을 개원사에 안치하고 그곳을 숭은전(崇恩殿)이라 불렀다. 1637년 1월 22일에는 성 안에 땔감이 모자라 절 마룻바닥이며 행랑을 헐어가면서 불을 지폈다고 한다.

개원사 동쪽 남단사 터에는 무너지고 손상된 석재들이 널브러져 처량하고 쓸쓸하기 짝이 없다. 남단사 역시 전란 당시 다른 절들과 마찬가지로 승군의 숙소로 사용된 곳이다. 남단사는 곁에 임금이 백성을 위해 제사를 올리던 사직단을 두고 있었지만 지금은 망실되었다. 남단사 터에서 동쪽 가까이에는

남단사지 우물

한흥사 터다. 남한산성 9개 호국사찰은 1907년 일제에 의해 모두 폭파되었다. 한국전쟁 후 1970~80년대에 이르러 4개의 절이 복원되어 현재에 이르고 있다.

지수당

44

삼절이 살아 숨 쉬는 곳, 지수당

선비의 기본 소양 시, 서, 화의 삼절 두루 갖춰

한 못은 간데없고 지당(池塘) 둘만 남았는데

정자에 올라서서 땀을 씻고 앉아보니

남학명(南鶴鳴) 지수당기에 옛 추상(追想)이 새로워라.

『광주군지』(1990)에 실린 옛 시인의 시로 지수당(地水堂)을
노래하고 있다. 1672년 현종 13년 광주부윤 이세화가 건립한
연못과 정자를 아울러 지수당이라고 불렀다. 정자를 가운데
두고 앞뒤로 연못 3개를 배치했다고 전하는데, 연못은 두 개
가 남았고 하나는 밭이 되었다.

……그때마다 앉아서 동문의 물레방아와 양쪽 언덕의 버들과 주도
(周道)의 돌다리를 보니 사랑할 만한 것은 특히 산수나 추화(秋花)와
활 쏘는 일이 아니라 덕을 볼 따름이다.

지수당 연못

제사를 지내던 사직단 터

지수당 현판액

······여기를 지나다가 10여일 머물게 되자 부윤이 나를 맞아 당에서 마시니 새 연꽃은 푸른 돈을 포개고, 치마는 수면을 덮으니 손과 주인이 모두 즐거웠다.······

『남한지』에 실린 〈지수당기문〉의 일부다. 주자가 말한 성리학의 도리를 논의하고, 물레방아와 같은 인연에 따라 계절이 변하는 이치를 논한다는 취지의 내용이다. 부질없이 지는 꽃이며 바뀌는 계절이며 쇠하는 몸보다는 이(理)와 기(氣)의 근본도리를 궁구하는 덕을 쌓자는 내용이다. 글에 나타나듯이 이 정자는 선비들과 고관들이 연못 정자에서 시를 짓고, 음풍농월하기 위해 지은

지수당 정자

　것이다. 정자 주변으로는 향나무와 전나무, 개나리를 심어 정원을 가꾸었다.

　　조선은 성리학을 국시로 하는 나라였다. 시(詩), 서(書), 화(畵)의 삼절을 두루 갖추는 것을 선비의 기본 소양으로 삼았다. 선인들의 삶 가까이에는 늘 글과 글씨와 그림이 있었다. 집을 지으면 상량문을 짓고, 절기가 바뀌면 글을 적어 기둥과 문에 붙였다.

　　남한산성 이천 년 역사 속에는 켜켜이 쌓인 사연들이 묻혀 있다. 성곽과 사찰을 비롯한 수많은 유적이 있고, 생태계가 보존된 아름다운 자연환경이 있다. 그 속에는 헤아릴 수조차 없이 많은 시와 노래와 이야기가 있다.

45

3학사를 모신 현절사

오제, 홍익한 등 죽음을 두려워하지 않은 절개와 충정

현절사 꽃길

성 안 양지바른 언덕에는 현절사가 있다. 병자호란 당시 청나라와 화친을 끝까지 반대했던 삼학사(오달제, 윤집, 홍익한)와 김상헌, 정온의 혼령을 모신 사당이다. 삼학사는 남한산성이 청나라 10만 대군에 포위된 상황에서도 당당히 맞서 최후까지 싸울 것을 강하게 주장했던 인물들이다.

병자호란이 끝나자 소현세자, 봉림대군과 함께 청에 인질로 끌려간 이들은 청의 회유에도 굴복하지 않고 대항하다 결국 심양성 서문 밖에서 처형됐다.

현절사 전경

죽기 전 홍익한은 붓을 들고 청나라를 책망하는 글을 남겼다.

대명 조선국의 갇혀 있는 신하 홍익한은 화친을 반대한 취지를 똑똑히 들어 진술할 수 있으나 말이 서로 잘 통하지 않기 때문에 글로 써서 말한다. 대체로 세상에 있는 나라는 모두 다 형제가 될 수 있지만 세상에 두 아버지를 모신 아들이란 없는 것이다. 조선은 원래부터 예의를 숭상하여 왔고 대간들은 올바른 말을 하는 것을 기풍으로 삼고 있다.

이 글은 『대동야승』에 실렸다. 조선 선비정신의 표상인 현절사 앞은 지금 개나리가 만개했다. 현절사는 선비정신을 배우기 위한 아이들의 견학코스가 됐다.

46

와신상담의 뜻이 서린 침패정

1751년 영조 27년, 광주유수 이기진이 보수하고 중수

남한산성 로터리를 지나 수어장대 가는 길 언덕에 침패정(枕戈亭)이라는 이름의 정자가 있다. 은행나무 한 그루가 어둡고 묵직한 정자의 분위기를 더욱 밝게 만들어준다. 가을날 행궁으로 오르는 길은 노란 은행잎과 물감을 흩뿌린 것만 같은 오색 단풍으로 숨이 막힐 지경이다. 정자 앞에는 쉼터도 있어 산행에 지친 이들이 쉬어가기에 좋다.

1624년 인조 2년, 산성을 수축할 당시에 총책임자였던 이서가 울창한 숲속에서 우연히 발견한 옛 건물이 침패정의 모태다. 원래 건물은 얼마나 되었으며 누가 지었는지 무슨 소용이었는지는 알 수 없었다. 신기하게도 기둥과 초석이 완전하며 온돌도 말짱했다. 방 한가운데 자리의 온돌은 몇 척이 더 높아서, 아궁이에 불을 때면 윗목에서부터 아랫목 쪽으로 구들이 덥혀졌다.

일설에는 침패정의 원래 건물은 백제의 시조 온조왕의 궁궐 가운데 일부였다는 이야기도 있다. 31평이나 되는 건물은 그 연원을 찾을 길이 없다. 건물 형태는 겹처마 팔작지붕으로 처마를 이었고, 온돌방과 아궁이를 원래대로

남한산성 여기저기에 흩어져 있는 송덕비를 한데 모아둔 모습

살렸다. 평면이나 치장으로 볼 때는 여염집이 아닌 관아 건물로 추정된다. 현재의 건물은 1751년 영조 27년에 광주유수 이기진이 보수하고 중수한 다음 '침과정'이라는 편액을 단 그대로다.

인조 때, 침괘정에 명나라 사신이 머물렀다. 사신이 무기고 벽에 난초와 용을 그리자 비가 내리려는 징조가 나타났다. 그림 속으로 구름이 드리우더니 홀연 용이 날아가는 기운도 일어났다는 전설이 있다. 이후 가뭄이 심하면 이곳에서 기우제를 지냈다고 한다.

홍경모의 『남한지』에는 〈침과정중수기〉가 실려 있다. '침과'는 말 그대로 창을 베고 눕는다는 뜻이다. 가시덤불 속에서 자고 쓸개를 먹으며 원한을 되새기듯이, 병자호란의 치욕적인 패배를 거울로 삼아 나라 밖을 경계하고 내실을 기하자는 뜻이 침괘정에 남아 있는 것이다.

침괘정의 가을

온조의 사당

47

온조의 혼령을 모신 숭렬전

1795년 정조가 직접 숭렬전이라는 현판 내려

행궁에서 수어장대로 올라가는 길에 아담한 정자가 있다. 달이 뜨기를 기다리는 것이 아니라 버선발로 나아가 맞이한다는 뜻의 영월정(迎月亭)이다. 영월정으로 달빛이 들이치는 풍경은 장관이다. 정자 주위로는 우람한 낙락장송들이 넓게 에워싸고 있다. 숲의 소나무들은 나이가 100살을 넘는 것이 예사다.

일제강점기에 전쟁 물자를 공출한다는 빌미로 소나무를 남벌해갔다. 한반도의 식생이 변한 것도 그 즈음부터다. 그때 행궁 인근 마을 주민 300여 명이 벌채를 금지하는 조합을 만들어 영월정 인근의 소나무 군락을 보호했다. 그덕으로 아름다운 소나무 군락이 남았다. 1934년에는 그 뜻을 잊지 않기 위해 '금림조합불망비(禁林組合不忘碑)'라는 비석을 세워 취지를 아로새겼다. 남한산성의 소나무는 품종이 뛰어나다. 위로 올라갈수록 줄기에 붉은 기운이 돌며, 가지가 마치 우산처럼 위에서 무성하게 펼쳐져 있다.

영월정에서 100미터 떨어진 곳에 백제 시조 온조왕의 사당이 있다. 사당은 영월정에서 오른쪽으로 바른 산등성이 언덕에 있다. 사람들의 발길이 잦지

영월정

않은 곳이라 스산해 보인다. 사당에는 온조왕과 인조 때 산성개축의 책임자였던 이서의 혼령을 함께 모셨다. 병자호란이 끝난 1638년(인조 16년)에 '온조왕사'라는 이름으로 사당을 처음 세웠다.

1795년 정조 임금이 직접 숭렬전(崇烈殿)이라는 현판을 내리면서 사액 사당에 봉하고 봄과 가을에 제를 모셨다. 현재 광주시에서는 매년 음력 9월 5일에 이곳에서 제를 올린다.

사당은 맞배지붕에 솟을삼문 형식을 하고 있다. 숭렬전은 백제가 나라를 창업한 터전으로 유서가 깊은 곳이다. 아직도 온조왕의 혼령이 백제를 찾고 있는지도 모를 일이다.

남한산성 소나무 숲길

48

인조가 45일간 머문 행궁 뜰

임금이 거적을 깔고 겨울 눈비가 그치기를 기원한 곳

행궁은 1624년(인조 2년) 산성 수축과 동시에 짓기 시작해 1년 만에 완성했다. 남한산성 안에 자리 잡은 행궁은 서문을 기점으로 수어장대 봉우리를 내려오는 지점에 자리하고 있다.

병자호란 때는 인조가 한양의 도성을 버리고 이곳에 피신해 1636년 12월 14일부터 1637년 1월 30일까지 45일간 암흑의 시간을 견뎠다. 임금뿐이겠는가. 군졸과 양인, 천인은 물론 마소까지 추위에 떨고 굶주렸다고 기록돼 있다. 1637년 1월 중하순에 이르자 양식이 떨어져서 새벽에는 닭 울음소리조차 들리지 않는 적막 고요 속이었다고 한다.

새벽에 망궐례(대궐을 향하여 올리는 예배)가 있었다. 왕은 도성을 바라보고 망배하였다. 때마침 눈비가 많이 내려서 성첩 지키는 군졸들이 푹 젖었다. 왕이 "동설이 이 같으니 군민이 다 죽겠구나."라고 말하자 이경중이 중신을 시켜 날이 개기를 빌게 하자고 여쭈니, 왕이 "내가 친히 노천에서 빌리라" 하고 세자를 데리고 행궁 뜰에서 노도(露禱)하였다.

행궁 전경

먼저 분향 4배하고 죄인처럼 거적을 깔고 축원하되 "이 외로운 성에 들어와 믿는 것이란 하늘 뿐이온대 눈비가 이 같으니 형세가 얼어 죽을 것만 같소이다. 제 한 몸은 아까울 것이 없사오나 백관만성이 무슨 죄이오리까. 바라건대 잠깐 개이게 하사 우리 군민을 살리소서." 인하여 왕이 땅에 엎디어 우시기를 한동안 어의가 젖어서 근시가 일어나기를 청하니 듣지 않고, 대신들이 옷을 당기며 울고 여쭈니 얼마 만에야 일어나 4배하고 물러나는데, 얼굴에는 눈물이 턱에까지 엉기어 흐르고 있었다……

행궁의 가을

복원 전 좌전

임금이 행궁 뜰에 나와 거적을 깔고 엎디어 겨울 눈비가 그치기를 하늘에
기원하는 처절한 내용이 『남한지』에 적혀 있다. 청나라는 산성 외곽에서 포를
쏘며 행궁을 부수고 협박과 기만으로 조선을 유린했다. 행궁에서는 항전파가
김상헌을 중심으로, 화친파는 최명길을 수장으로 극렬한 대립을 벌였다. 강화
도가 함락되었다는 소식을 들은 인조가 1637년 1월 30일, 남한산성의 서문을
빠져나와 삼전도에서 삼배구고두의 예를 갖추면서 병자호란은 끝난다.

아버님께서 옛날 거동하셨던 곳에
오늘 이렇게 와서 쉬게 되었습니다.
지난 세월 돌아보니 제 마음이 간절하여

복원 후 좌전

거닐며 보는 것마다 더욱 서글프게 합니다.

훗날 남한산성 행궁에 들른 영조가 부친인 숙종을 떠올리며 쓴 글이다. 아
버지가 거닐던 정원, 아버지가 앉았던 자리를 보면서 영조는 부정(父情)에 사
무쳤을 것이다. 또한 그곳에서 전란의 고충을 겪은 선대왕 인조와 효종의 원
한을 되새겼을 것이다.

49

역사의 상처를 품은 자리, 행궁

역사의 비밀보따리들이 세상의 햇살 속으로 쏟아져 나와

행궁은 유사시 임금이 왕궁을 떠나 임시로 거처하는 별궁이다. 조선시대에는 수원, 강화, 전주, 온양, 북한산성 등 전국 10여 곳에 행궁을 두었다. 남한산성 행궁은 그중 지리적으로 한양에서 가장 가까운 곳에 있다. 위급한 상황이 발생했을 때 왕실과 나라를 통치할 수 있도록 종묘와 사직은 물론 모든 시설을 두루 구비해 놓았다.

행궁은 임금의 침전인 상궐과 집무공간인 하궐, 수신 공간인 재덕당을 갖추었다. 임금은 주로 이곳에서 집무를 보았다. 남한산성 행궁의 정문은 한남루이다. 그리고 손님이나 특사가 머무는 곳인 인화관을 갖추어 놓았다. 남한산성 행궁은 발굴과 조사가 완료되었고, 건물이 당시의 모습으로 복원되어 궁궐의 위용을 자랑하고 있다.

행궁 상궐 남쪽 내행전 밖에는 500년도 더 된 느티나무가 행궁의 지나간 역사를 굽어 살피는 듯 아름드리 수령을 자랑하고 있다. 상궐 뒤쪽에는 '반석 (磐石)'이라고 새겨진 바위가 있다. '반석' 두 글자는, 행궁을 위기에 처한 나

아침 햇살이 찾아든 상궐 내행전

라를 구해 다시 일으킬 터전으로 삼겠다는 굳은 의지를 담고 있다.

　남한산성 행궁은 발굴과 조사가 이루어지기 전까지 역사의 비밀을 안고 잠들어 있었다. 1998년부터 2007년까지 한국토지박물관에서 8차례에 걸쳐 발굴조사를 하면서 비밀의 실체가 일부나마 드러났다. 발굴단이 조사한 것은 행궁터뿐이 아니었다. 발굴 과정에서 백제시대 유물이 나오는가 하면, 고려

행궁의 뒷모습

하궐 복원 상량식

의 토기와 온돌 구조도 나왔다.

2004년에는 통일신라 시대에 지어진 초대형 건물터가 나와 세상을 놀라게
했다. 조선시대 행궁에 비해 규모가 무려 3배나 큰 건물터였다. 함께 출토된
기와는 독특한 양식을 하고 있었다. 두께 2미터에 달하는 엄청난 건물 벽과
한 장에 19킬로그램이나 되는 세계 최대의 기왓장은 남한산성의 역사를 다시
생각케 하는 대목이다.

짐작조차 할 수 없었던 유물들이 속속 나오면서 당초 3년 목표였던 발굴
기간은 10년으로 늘어났다. 그 사이 발굴이 8차까지 진행됐다. 역사의 비밀
보따리들이 세상의 햇살 속으로 쏟아져 나온 것이다. 행궁 자리에는 아득한

행궁터에서 발굴된 세계에서 가장 큰 기왓장

옛날부터 지금까지 누가 어떤 모습으로 터를 꾸리고 살아왔던 것일까? 백 년을 살다가는 인간의 아둔함으로는 알 도리가 없다.

병자호란을 겪고 나서 남한산성 행궁은 역사의 상처를 품은 자리로 남았다. 숙종과 영조와 정조는 이곳을 보수하고 복원하며 수차례 순시했다. 남한산성 행궁은 다른 어느 행궁보다 역사의 상처가 깊은 곳이기 때문이다. 왕권이 지배하던 시대에 성곽은 세상의 중심이었다. 모든 권력은 성으로부터 나왔고 모든 재화는 다시 성으로 돌아갔다. 전란의 와중에는 위급지경의 시작이자 끝점이 되었다. 바람이 불었다 가는 것처럼 스쳐 지나칠 공간이 아니다. 무거운 발걸음을 옮기기 힘들다.

◉ 하늘에서 본 산성마을 전경

남한산성, 이천 년의 잠을 깨우는 소리

남한산성 3,000피트 상공에서 내려다본 남한산성 전체 지세는 서북을 천험으로 남동을 바라보고 있다. 성벽이며 산등성이, 계곡에서 수풀까지 모두가 눈에 들어온다. 산성마을과 행궁, 온조왕 사당까지 모두 정겹게 다가온다. 성 곳곳에 발걸음이 미치지 않은 곳이 없고 애정이 가지 않는 곳이 없다.

옛 포도청 자리는 파출소가 됐다. 1884년 이전부터 산성 안의 치안을 담당했던 우리나라에서 가장 오래된 파출소다. 『남한지』의 기록으로 보아 최소한 130년 이상의 역사를 자랑한다.

성 안에는 400살도 넘는 거목이 아직도 몇 그루 남아 있다. 남문과 행궁 그리고 파출소 건너 연무관… . 지금은 사라지고 없는 것들과 여태도 굳건히 자리를 지키는 것들을 이 나무들은 모두 기억하고 있을 것이다. 병자년의 참상까지도.

군사들의 무술훈련장이던 연무관에 서 있는 거목은 신비스럽기까지 하다.

고된 훈련 사이사이 군병들은 나무 아래서 쉬었을 것이다. 연무관 건물은 팔작지붕 형태로 산성 수축과 동시에 지어졌다. 정조 때는 이곳에서 무술 시합을 열어 뛰어난 무인은 임금이 사는 한양의 궁궐로 차출해 국왕 직속 호위대인 장용영의 병사로 삼았다. 연무관과 나란히 붙은 남한산초등학교 운동장은 죄수들을 가뒀던 감옥 자리다. 구한말 천주교 신도들이 이곳에 갇혀 모진 고문을 당하기도 했다.

남문 입구에는 질서정연하게 서 있는 수많은 비석들이 눈길을 끈다. 예전에 성 안에는 사람들이 많이 다니는 3곳에 비석거리가 있었다. 비석공원을 조성해 흩어져 있던 43기의 비석들을 최근에 한곳으로 모았다. 이 비석들은 역대 광주유수와 수어사, 부윤, 군수들의 선정비다. 그 가운데는 광주부윤을 거쳐 영의정에 올랐던 심상규의 비석도 있다. 남한산성을 거쳐 간 벼슬아치들의 역사를 고스란히 담은 곳이다.

종각에 있던 동종(국립중앙박물관 소장)

남한산성은 정조 대의 계획도시 수원 화성보다 105년 앞선 산성도시였다. 조선시대에는 경기도에서 개성, 강화 다음으로 큰 도시였다. 구한말 의병운동이 남한산성에서 일어나자 일제는 1917년 광주군청을 산성 밖으로 이전시킨다. 300여 년 화려했던 남한산성의 역사는 쇠락해갔다. 남아 있던 건축물은 일제강점기에 불타거나 붕괴됐고, 한국전쟁을 거치면서 차츰 소멸됐다. 지금은 185세대에 450여 명이 산성을 지키며 살고 있다.

남한산성 로터리 자리는 종로라고 불렸다. 6칸의 누각을 얹은 종각이 있었기 때문이다. 1910년 7월 28일, 일본인 골동상이 종을 떼어다가 창경원에 있던 이왕가박물관에 팔았다. 현재 국립중앙박물관으로 옮겨져 불교미술실에 전시 중이다. 국보 제280호로 지정됐다. 원래 이 종은 충남 천안 성거산 천흥사에 있었다. 공식 명칭은 '통화이십팔년명(統和二十八年銘)천흥사동종'이었다. 1010년 고려 현종 대에 만들어졌고, 당시에는 가장 아름답고 큰 종으로 꼽았다. 천흥사가 폐사되자, 1624년 인조가 남한산성을 수축하고 옮겨왔다.

동종 표면에 선명한 '천흥사' 글자

몽골의 명장 칭기즈칸은 말 위에서 세상을 정복했다. 그는 성을 쌓지 않았다. 그에게는 성이라는 시설물이 필요하지 않았다. 말과 칼만 있으면 무엇이든 할 수 있었다. 몽골은 칭기즈칸의 정신으로 세계를 사로잡았다. 중국은 만리장성으로 세계인을 광활한 중화의 대륙으로 불러들이고 있다.

우리에게는 남한산성이 있다. 남한산성은 우리가 보존하고 가꾸어 대대손손 물려줄 귀중한 유적이다. 이른 아침 행궁에서 내려다 본 산성 마을, 새벽 닭 울음소리가 길게 들려온다. 남한산성 이천 년의 잠을 깨우는 소리인 것만 같다.